Cartas a Carlos

CONSEJOS DE UN VIEJO PASTOR A UN NOVATO

Dr. Les Thompson

Editor: Luis Nahum Sáez
Editor Especial: Rev. Dan Thompson
Portada: Meredith Bozek
Directora del Proyecto: Angie Torres Moure

ISBN: 978-1-938420-12-2

A todos los pastores que se llaman Carlos
—y los que no se llaman Carlos también—
en particular a Carlos Noda Costa,
de la Iglesia Bautista en Pinar del Rio, Cuba.

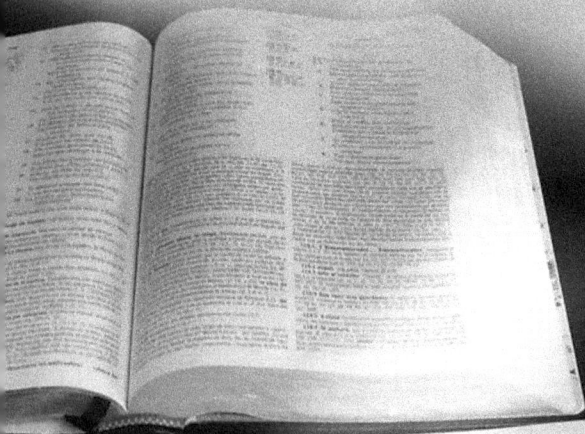

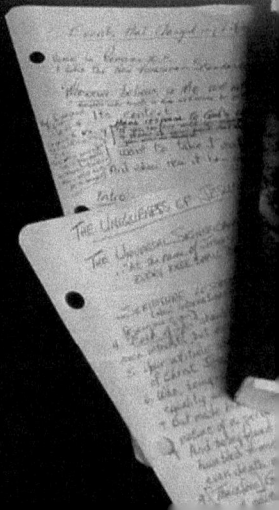

ÍNDICE

CARTAS A CARLOS
La camioneta roja

LE DI UNA VUELTA AL JEEP (modelo 1972). Era un vehículo abierto, sin ventanas. Lo que más me preocupaba eran las llantas; estaban lisas. ¿Llegaríamos a Cartagena sin problemas? Eran las 9:30 de la mañana y debía abordar el vuelo 9771 de Avianca a las 2:15 p.m. El recorrido era de 160 kilómetros.

Esa semana de febrero de 1984, la había pasado en un campamento a orillas de Sincelejo, dando clases de Biblia y teología a pastores y líderes de la Asociación de Iglesias Evangélicas del Caribe. Ahora debía regresar a mi casa en Miami, descansar dos semanas, para entonces hacer otro viaje parecido a Argentina. ¡Esa era mi vida!

El dueño del Jeep era de Cartagena. Cuando se ofreció para llevarme al aeropuerto me equivoqué, ya que supuse que iríamos solo los dos. Así que puse mi maleta en el baúl junto a las de él y me monté en el asiento delantero. Entonces oí unas voces acercándose. Me volteé. Cuatro señoras venían hacia el jeep, ¡cada una arrastrando su maleta!

Como si nada, el pastor tomó las valijas y las colocó sobre las rejillas del techo, atándolas con una soga, mientras las cuatro damas (mezclando gruñidos con risas) trataban de acomodarse en los asientos traseros diseñados exclusivamente para dos pasajeros. De inmediato puse a trabajar mis matemáticas: 350 kilos de mujeres, 200 kilos de hombres, más 135 kilos de maletas, ¡todo sobre cuatro llantas lisas, para viajar 160 kilómetros! ¿Llegaríamos a Cartagena? Tendría la respuesta en menos de quince kilómetros.

Salimos por la Carrera 4 en busca de la carretera. Al hallarla, el pastor hundió su pie en el acelerador y nos hallamos volando a 120 kilómetros por hora camino a Cartagena. El día era hermoso, el paisaje también; la carretera, muy linda. Lo único feo era lo que estaba en mi mente: ¿Podrían esas pobres llantas cargar tanto peso?

Así llegamos a una larga curva seguida por una pendiente. El jeep recogió su velocidad. Yo —con mi mente todavía enfocada en las llantas— me aferré a un asidero del techo. En eso oímos la explosión. Como un borracho, el jeep comenzó a zigzaguear; daba tumbos de derecha a izquierda, volcándose gradualmente hacia la derecha (el lado en que estaba yo). Oí al pastor gritar: "¡Dios, sálvanos!", acompañado de un cuarteto de gritos ejecutado por las cuatro mujeres.

En el patinazo que dimos por la carretera sentí que mi cadera derecha raspaba el asfalto. Pero gracias a que estaba agarrado del asidero, pude proteger la parte superior de mi cuerpo. Jamás imaginé que con la cadera ayudaría a frenar al jeep. Cuando al fin se detuvo el vehículo —al son de los gritos desafinados de nuestras cuatro acompañantes—, lo primero que hice fue examinar el daño que me había hecho la carretera. ¡El pavimento se había llevado buena parte de mis pantalones!

Poco a poco los gritos cesaron, intercambiados por gruñidos y voces clamando: "¿Cómo salimos de aquí?" Gracias a Dios, todos estábamos bien, aunque amontonados unos sobre los otros, ya que la puerta del lado izquierdo del jeep ahora apuntaba al cielo. Varios vehículos llegaron, deteniéndose al ver el accidente. Algunos hombres corrieron para darnos auxilio y enderezaron el jeep.

Bajé con sumo cuidado del vehículo agradecido por el maletín que tenía a mi lado, con el cual procuré ocultar la parte de mis pantalones que había desaparecido. ¡Qué escena! Valijas regadas por toda la carretera. Cuatro mujeres llorando y abrazándose porque estaban vivas. El pastor consolándolas a la vez que le daba vuelta al jeep examinando los daños. Y yo, parado en la carretera, lidiando con la escena de mis pantalones rotos.

¿Qué haría ahora? Tenía que agarrar el avión. Si esperaba a que le cambiaran la llanta al jeep, no llegaría a tiempo. Además, ¿qué ocurriría si explotaba otra? Tenía que encontrar una alternativa. En eso se detuvo una camioneta roja. El chofer se bajó y, luego de recorrer lo ocurrido con sus ojos, se acercó, preguntándome si alguien estaba herido. "Todos estamos sanos y salvos", respondí. "Creo que el único que sufrió algo fui yo... pero nada grave, solo un buen raspón". Quité el maletín y le enseñé mis pantalones rotos y los rasguños en la cadera. "Como ve, no es nada grave", dije.

Viendo que la camioneta apuntaba en dirección hacia Cartagena, le pregunté: "Por casualidad ¿va usted a Cartagena?" a lo que respondió: "Sí, voy para allá. ¿Quiere que le lleve?" Le expliqué que tenía que agarrar el vuelo de Avianca a las 2:15. Miró su reloj y me dijo: "¡Móntese!"

Corrí a adonde estaba el pastor y, apuntando a la camioneta roja, le conté que el chofer se ofrecía para llevarme al aeropuerto. Me contestó meneando su cabeza afirmativamente. Le agradecí su bondad. Nuevamente meneó su cabeza. Me di cuenta de que el pobre estaba aturdido por lo que había pasado. Le di un abrazo. Entonces me despedí de las mujeres (creo que ni se dieron cuenta). Rescaté mi valija de la carretera y me monté en la camioneta.

En un pequeño baño del aeropuerto de Cartagena cambié de pantalones, cubriendo mis heridas con toallas de papel. Pocas horas más tarde me encontré abrazando a mi esposa en el aeropuerto de Miami.

¡Qué verdad, la que anuncia Salomón en Proverbios 27:1: *"No te jactes del día de mañana, porque no sabes qué te dará de sí el día"*! Que verdadero es lo imprevisible de la vida, particularmente en lo que concierne a la vida de un pastor. Con tanta gente que cuidar cada día aparecen problemas inesperados, muchos de ellos difíciles de solucionar. Cuantas gracias doy a Dios porque en esos trances de mi vida pastoral me dio amigos con sabiduría y experiencia —varios de ellos con canas— que me ayudaron a superarlos. Y precisamente esa es la clase de amigo que yo he querido ser: algo así como "un auxilio para pastores que buscan una camioneta roja que les ayude a llegar al aeropuerto a tiempo". Esta, pues, es la moraleja que describe el objetivo de este libro.

En cuanto al título, *Cartas a Carlos*, supongo que me vino por los muchos Carlos que por años me han acosado con preguntas de todo tipo, desde Argentina hasta México. Esas preguntas y las respuestas que expongo constituyen la trama que da vida a este libro: un pastor novato que acude —con sus preguntas, problemas y preocupaciones— a un pastor anciano. Yo, con mis años de fracasos y victorias, intento emplear mis experiencias para responder las inquietudes que seguramente sufren innumerables pastores.

Por tanto, lo único imaginario en este libro es el nombre "Carlos". Todo lo demás es real, son experiencias vividas en mis años de servicio a Dios.

Mi meta no es exhortar, más bien trato de compartir lo aprendido en muchos años de ministerio.

Si algo en estas *Cartas a Carlos* sirve para animarle a usted en su peregrinaje, la meta que he perseguido en este libro se habrá cumplido. *"El Dios de toda gracia, que nos llamó a su gloria eterna en Jesucristo, después que hayáis padecido un poco de tiempo, él mismo os perfeccione, afirme, fortalezca y establezca"* (1 Pedro 5:10).

Un grupo de estudiantes llega a Los Pinos

Los Pinos antes de ser restaurado.

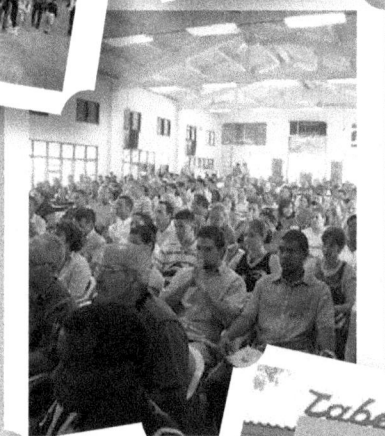

Nuevas calles y aceras en Los Pinos después de la renovación

CONSEJOS DE UN VIEJO
PASTOR A UN NOVATO

CARTA 1
El llamado de Dios

Estimado Carlos:

APRECIO EL HECHO DE QUE AHORA, QUE TE HAN nombrado pastor, busques ayuda. También que, al ver mis canas y saber que he pasado la mayor parte de mi vida en el ministerio, te acerques a pedirme consejo. Gracias por tu confianza. A nosotros los viejos nos encanta cuando jóvenes como tú se nos acercan pidiéndonos recomendaciones. Por cierto, espero que mis experiencias y luchas sirvan no solo para estimularte, sino para advertirte los peligros, penas —aunque también gozos—, que acompañan a aquellos que sirven a Dios.

Me preguntas: "¿Cómo fue que sentí el llamado de Dios para servirle como pastor?"

Me haces una pregunta muy fundamental. Creo que, si el que quiere servir de pastor no sabe que en verdad Dios le ha llamado a esa vocación, comienza muy mal. Te digo esto porque en Jeremías leemos acerca de aquellos que Dios no ha llamado: *"Falsamente profetizan los profetas en mi nombre; no los envié, ni les mandé, ni les hablé; visión mentirosa, adivinación, vanidad y engaño de su corazón os profetizan. Por tanto, así ha dicho Jehová sobre los profetas que profetizan en mi nombre, los cuales yo no envié, y que dicen: Ni espada ni hambre habrá en esta tierra; con espada y con hambre serán consumidos esos profetas"* (Jeremías 14:14-15). Dios protege a su iglesia. Solo aquellos que son llamados por Él tienen el derecho de subir a un púlpito para predicar su Santa Palabra.

Nunca olvidaré cómo fue que Dios me llamó. Recuerdo que fue un amanecer dominical en el Tabernáculo Los Pinos Nuevos (el principal escenario de adoración de la Escuela Bíblica que mi padre, junto con Bartolomé Lavastida, estableció en el centro geográfico de Cuba). No solo era el sitio donde nací y me crié, sino el lugar donde Dios por su gracia puso su mano sobre mi vida y me llamó a servirle.

Ese llamado no me vino porque yo fuese muy santo. Al contrario, mis mejores amigos testificarían que yo era un niño rebelde y alejado de Dios. Alrededor de mi decimotercer cumpleaños mi madre me llamó aparte una noche y me dijo: "Leslie, no creo que pertenezcas a Cristo. Si así fuera, no habría modo de que mintieras, engañaras e hicieras las terribles cosas que haces". Esa noche no pude dormir. Yo sabía que si no creía en Cristo como mi Salvador no iría al cielo. Atormentado por la idea, me di cuenta de que podía hacer algo al respecto. Tomé mi poco usada Biblia y busqué uno de los versículos que sabía muy bien, Juan 1:12: *"Mas a todos los que le recibieron, a los que creen en su nombre, les dio potestad de ser hechos hijos de Dios".* Esa noche creí en su nombre, lo recibí como mi Salvador y reclamé su promesa de que ahora era su hijo.

Varios meses después, un domingo por la mañana, estaba escuchando a papá predicar. Parecía que yo era el único que estuviera en el tabernáculo y que Dios estaba hablándome directamente, llamándome a dedicarle mi vida para servirle en el ministerio. El llamado fue claro. Ese domingo por la mañana respondí consagrando mi vida a Él. De todo corazón sentí que Dios me había escogido para servirle. A partir de entonces, cuando alguien me preguntaba qué iba a ser cuando fuera grande, le contaría confidencialmente esta historia.

En cuanto a un llamado claro de Dios creo, como dice Pablo en Romanos 11:29, que *"irrevocables son los dones y el llamamiento de Dios".* No se juega con este llamado, porque todo lo sagrado —y aun lo eterno— está envuelto en la manera que lo aceptamos y obedecemos. Podemos compararlo con el llamado que recibieron los profetas del Antiguo Testamento. Por ejemplo, Jeremías nos cuenta el suyo: *"Vino, pues, palabra de Jehová a mí, diciendo: Antes que te formase en el vientre te conocí, y antes que nacieses te santifiqué, te di por profeta a las naciones. Y yo dije: ¡Ah! ¡Ah, Señor Jehová! He aquí, no sé hablar, porque soy niño. Y me dijo Jehová: No digas: Soy un niño; porque a todo lo que te envíe irás tú, y dirás todo lo que te mande"* (Jeremías 1:4-7).

Vemos en el Nuevo Testamento que los doce discípulos no fueron voluntariamente al ministerio, al contrario, a cada uno Cristo les hizo un llamado claro y definido. Lo mismo vemos en el caso del apóstol Pablo. Dios le dijo a Ananías: *"Ve, porque instrumento escogido me es éste [Pablo], para llevar mi nombre en presencia de los gentiles, y de reyes, y de los hijos de Israel".* Creo que en estos ejemplos vemos la manera en que Dios protege a su pueblo de pastores falsos que se han autollamado, por tanto, sin la bendición y la autoridad divina en su ministerio.

En varias ocasiones pasé por unas dificultades tan grandes que sin la seguridad de que Dios me había llamado, me hubiera dado por vencido y abandonado el ministerio. Puesto que sabía que Dios había puesto su mano sobre mí, y me había llamado para servirle, podía confiar en Él para que me librara del problema.

Espero que esta respuesta te ayude a analizar tu propia experiencia con Dios y que Él reafirme tu llamado. Dios te bendiga. Si tienes más preguntas, por favor, plantéamelas con toda confianza.

Siempre orando por ti, tu amigo,

Leslie Thompson

CARTA 2
Mi primera experiencia pastoral

Querido Carlos:

GRACIAS POR TU RESPUESTA. Me alegra saber que aprecies lo que te conté en mi carta y que también estés seguro de que Dios te ha llamado. Me complace que lo puedas comprobar por las bendiciones que Dios ha derramado sobre tu vida.

Ahora quieres saber algo de mi primer pastorado. Supongo que te refieres a las circunstancias que rodearon ese llamado y cómo me fue en esa experiencia.

Me obligas a regresar al año 1950 y a recordar la manera en que fui sorprendido por un señor en la fábrica donde estaba trabajando en Johnstown, Pennsylvania. Él también se llamaba Carlos —en inglés: "Charles"—, de apellido Frick. Era verano y acababa de terminar mi segundo año de seminario. Aunque el seminario estaba en Canadá, había ido a Pennsylvania, donde mis padres vivían ahora (luego de 23 años de trabajo misionero en Cuba). Un amigo me consiguió trabajo en Johnstown Bethlehem Steel Mills, lo cual me ayudaría a pagar mis estudios.

Un día, mientras tranquilamente hacía mis tareas, fui interrumpido por un desconocido que me preguntó si me llamaba Leslie Thompson. Le confirmé que ese era mi nombre y, luego de decirme que el suyo era

Charles Frick, nos dimos las manos en un cordial saludo. Me preguntó que si en la hora del almuerzo podríamos encontrarnos puesto que tenía un asunto importante que contarme. En eso quedamos.

"Represento a una pequeña congregación llamada Park Hill Chapel, aquí cerca de la fábrica, y estamos sin pastor. Uno de los jefes de la fábrica me informó que usted es seminarista y quisiera saber si estaría interesado en ayudarnos este verano", me dijo Charles.

Le pedí más información y me dijo que, debido a que la iglesia era muy pequeña, no podían encontrar pastor dispuesto a servirles. Que tenían solo unos 40 miembros —incluyendo adultos y niños— y que se reunían dos veces los domingos y una vez entre semana. No podían ofrecerme un sueldo, solo podían darme una ofrenda semanal. Cuando le pregunté la denominación, me dijo que eran de la iglesia de Los Amigos (yo era bautista). Le respondí que estaba dispuesto a ayudarles el domingo siguiente y que, después que me oyeran predicar y yo conociera a la gente, podríamos hablar.

Esa llegó a ser mi primera iglesia, mi primer pastorado. Qué gente más amorosa. Con cuánta gracia me escucharon (me imagino que esos primeros sermones tienen que haber sido horribles). Rápidamente me di cuenta de cuánto amaban al Señor y cuánto se deleitaban en estudiar su Palabra... y yo contentísimo.

Foto de la iglesia de Robert Frick, primo de Carlos Frick

Tengo que hablarte acerca de una sorpresa: en la congregación de Los Amigos —en la que ahora comenzaba a servir—, creían en la ordenanza de lavar los pies, siguiendo el mandato de Cristo: *"Si yo, el Señor y el Maestro, he lavado vuestros pies, vosotros también debéis lavaros los pies los unos a los otros"* (Juan 13:14). Acercándose el primer domingo del mes, el señor Frick se me acercó y me dijo: "El próximo domingo celebraremos la ceremonia de lavar los pies".

Yo, como bautista, estaba muy persuadido en cuanto a la necesidad de bautizar con agua, pero nunca de lavarles los pies a otros. Pero en vez de tratar de cambiarles su doctrina, me tapé la boca y me preparé para hacer la ceremonia con ellos. (Te aseguro, Carlos, que antes de ir a la iglesia ese domingo me lavé los míos dos o tres veces, y fui con la esperanza de que los miembros de la congregación también fueran con los suyos limpios.) A pesar de que creo que como cristianos tenemos solo dos ordenanzas, la Santa Cena y el bautismo, te confieso que ese acto de humillación y sumisión ante mis hermanos tocó mi corazón profundamente. Pude apreciar a Jesucristo, el Dios eterno y Creador más que nunca, ya que se humilló al extremo de lavarles los pies a sus discípulos. ¡Qué buena lección para un pastor principiante!

Trabajé en esa congregación cinco meses. Estaba aprendiendo tanto que, en lugar de recibir sus ofrendas, devolví con gratitud todo lo que me daban. Regresé al seminario enriquecido por aquella experiencia y no solo seguro de mi llamado, sino ansioso por cumplir con esa vocación.

¿Qué te puedo decir? Carlos, nunca olvides que el deber del pastor es servir, no ser servido. El ejemplo es Jesucristo: *"El Hijo del Hombre no vino para ser servido, sino para servir, y para dar su vida en rescate por muchos"* (Mateo 20:28). Te aseguro que si sirves a tu congregación con ese tipo de corazón, podrás realmente rescatar a muchos.

Te agradezco la pregunta que me hiciste. Me obligaste a recordar esos días tan hermosos con Los Amigos de Pennsylvania.

Dios te bendiga mucho.

Tu amigo,

Leslie Thompson

CHAQUETA DE MUCHOS COLORES

CARTA 3
Chaqueta de muchos colores

Apreciado Carlos:

SÍ, TIENES TODA LA RAZÓN CARLOS, cuando afirmas que ahora te das cuenta de que el pastor siempre tiene que andar con una palangana en una mano y una toalla en la otra. Es fatal para una iglesia cuando el pastor se cree rey en vez de siervo. Todos los días debemos estar lavando los pies de aquellos a los que servimos. Me alegro que mi carta te haya ayudado.

Preguntas si en los años que he sido pastor he tenido algún momento frustrante. ¡He tenido muchos! Dirigir una iglesia es igual que pastorear ovejas traviesas. Nadie, me parece, quiere quedarse dentro de la cerca espiritual con la que queremos circundar a los miembros. Pareciera que se pasan el tiempo buscando un salidero para escapar de las riendas espirituales que Dios nos ha impuesto. San Pablo nos describe muy bien cuando dice: *"Queriendo yo hacer el bien, hallo esta ley: que el mal está en mí. Porque según el hombre interior, me deleito en la ley de Dios, pero veo otra ley en mis miembros que se rebela contra la ley de mi mente, y que me lleva cautivo a la ley del pecado que está en mis miembros. ¡Miserable de mí!, ¿quién me librará de este cuerpo de muerte?"* (Romanos 7:21-27). No importa lo piadoso que pueda lucir un miembro de la iglesia (incluso el mismo pastor), no te olvides que todos somos pecadores, nadie es "bueno" (Romanos 3:10-18). Solo Cristo nos imparte justicia. Si mantienes esa perspectiva —por terrible que luzca— nada te sorprenderá.

Tal como me pides, permíteme contarte algo en cuanto a un momento frustrante que comprueba todo lo que acabo de decirte.

Todo en la iglesia que pastoreaba en Miami funcionaba a mil maravillas. De domingo a domingo la congregación crecía. Teníamos un programa de música fantástico. Las organizaciones que establecimos en la congregación estaban marchando aceptablemente. Solo había una cosa que me molestaba: la manera en que se vestía uno de mis diáconos los domingos. No sé en qué almacén encontraba sus escandalosas chaquetas. El caso es que cada domingo parecía vestir una nueva, a veces de color rojo, amarillo o azul. Era un arco iris personalizado. Me parecía escandaloso considerando que —en la casa de Dios— bajaba por el pasillo central de la iglesia recogiendo las ofrendas.

Algunos de los miembros más maduros se me acercaron para quejarse. Por supuesto, si él se hubiera quedado sentado durante el servicio dominical matutino (esa hora tan consagrada) no habría causado ningún problema. Te cuento más.

Descubrí que el hombre en cuestión era muy quisquilloso, que se enfadaba fácilmente. Lo comprobé en varias reuniones de diáconos que sosteníamos. Cualquier oposición a las sugerencias que él hacía, era causa para una acalorada disputa. Varias veces me tocó intervenir y calmar las emociones.

Con ese antecedente, puedes imaginarte que cada domingo —para mí— que este diácono recogía la ofrenda, era causa de más y más frustración. Llegó el momento en que yo agachaba la cabeza para no tener que mirar todo aquel colorido bajar por el centro de la iglesia. Hablé con varios líderes de la congregación, pero nadie me daba una solución apropiada de la manera en que como pastor debía tratar a esa oveja conflictiva.

Sugerencias como: "¡Bótelo!" "¡Quítele el puesto de diácono!" "¡Vaya a su casa y quítele todas esas chaquetas de diferentes colores que tiene!", sencillamente me parecían demasiado faltas de espiritualidad. Por fin llegó el momento en que me propuse tomar el buey por las astas y ponerle fin al molesto asunto.

Llamé al diácono y lo invité a almorzar conmigo. En el almuerzo le dije lo que sentía, añadiendo que había recibido quejas de algunos otros en la iglesia. No me dijo nada —creo que fue por respeto—, pero noté que sus labios se pusieron rígidos, por lo que pude ver el latir de los músculos en su cuello. Sabía que de ninguna manera le había gustado la reprimenda. Nos despedimos cortésmente y yo, satisfecho con el cumplimiento de mi deber espiritual, esperé que llegara el domingo para ver el efecto de mis consejos como pastor.

El próximo domingo llegó vestido de negro y con una corbata muy seria. Vi que a su alrededor se habían sentado unos cuantos miembros de la congregación que normalmente no ocupaban esos asientos. Cuando llegó el momento de recoger la ofrenda, no se levantó. Dejó que los demás diáconos lo hicieran. Prediqué mi sermón tranquilamente y luego salí a la entrada de la iglesia para saludar a los que habían asistido ese día. De pronto apareció el diácono, pero no estaba solo. Le seguía el grupo que se había sentado a su lado. Cuando llegó a mi lado, con las manos cruzadas en su pecho, me dijo: "Pastor Thompson, quédese con la iglesia de la cual usted es dueño. Mis amigos y yo nos vamos a otra".

¡Ese día perdimos alrededor de quince miembros, todos adultos!

Regresé a casa muy molesto y preguntándome: "¿Quién pecó, el diácono o yo?" Pasé la tarde tratando de justificarme. Me decía a mí mismo que como pastor estaba tratando de proteger a la iglesia; que el deber mío era establecer disciplina; que lo que había hecho era un proceso de limpieza necesario en la iglesia. Sin embargo, pese a los argumentos que tenía a mi favor, sabía en lo profundo de mi corazón que el malo en todo ese episodio había sido yo, no el diácono.

El buen pastor ama a cada oveja, nunca le importa algo tan insignificante como el color de sus chaquetas. Cuando una oveja se pierde, el buen pastor deja a las noventa y nueve para ir y, a toda costa, buscar a la perdida. Yo, en cambio, acababa de echar a quince ovejitas del redil, sencillamente porque no me gustaban las chaquetas tipo arco iris. Lo externo me interesaba más que el valor de la persona hecha a imagen de Dios.

Sí, Carlos, esa vez me humillé ante Dios. Le pedí que me perdonara, pero más que todo que me diera un corazón como el de Cristo. Deseaba amar a la gente, sin importar el color de su piel, sus

vestimentas, sus costumbres ni sus posesiones.

Seguro que quieres saber qué pasó con los quince que se fueron con él. Hablé con los que pude y les pedí perdón. Ninguno, sin embargo, regresó a la iglesia. Cierto... aprendí una dolorosa lección, pero ¡a qué costo!

Ruego a Dios que, muy temprano en tu ministerio, te llene de ese amor especial que promete derramar en nuestros corazones por el Espíritu Santo (Romanos 5:5).

Dios te bendiga. Por favor, no dejes de escribirme.

Con el amor de Cristo,

Leslie Thompson

Wolfe Hansen

CARTA 4
La preparación ministerial

Mi muy estimado Carlos:

ME HICISTE REÍR AL DECIRME EN TU CARTA que en el pueblo donde vives no hay almacén que venda chaquetas arco iris. Te aseguro que aunque no hayas visto tal clase de almacén creo que el diablo (que estudia cuidadosamente todas nuestras debilidades) tiene sus fábricas escondidas para causarnos toda clase de problemas.

Ahora bien, averiguas sobre la preparación bíblica que todo pastor necesita. Hay muchas opiniones acerca del tema. Por ejemplo, algunos creen que el pastor no necesita estudios. Creen que al recibir lo que llaman "la unción del Espíritu Santo" ya tienen todo lo que necesitan. Piensan que, cuando abren los labios, el Espíritu Santo llenará su boca con un mensaje. Te cuento que me atreví a comprobar ese método una vez. No solo quedé tartamudeando, sino muy, muy apenado.

Fui invitado a predicar a la Iglesia Metodista de San José, Costa Rica. Para ese domingo escogí un pasaje bíblico conocido, pero no me preocupé en estudiarlo. Fui presumiendo que el Señor me daría el sermón una vez que llegara al púlpito. Después de los himnos y anuncios tradicionales, el pastor Raziel Vázquez me presentó, por lo que subí al púlpito. Tomé mi Biblia y anuncié el pasaje que leeríamos. Entonces di un vistazo a la congregación. Allí sentado, en pleno centro de la iglesia, estaba el doctor José Míguez Bonino, el famoso teólogo argentino promotor de la Teología de la liberación; ¡y yo sin sermón!

¡Qué desastre! Creo que hablé unos veinte minutos (aunque me pareció hora y media). Traté de hacer referencia a algunos de los textos del pasaje, pero todo me salió enredado. Mi mensaje no tenía organización, ni plan, ni propósito, ni contenido. Bajé del púlpito bañado en sudor, apenado, avergonzado y profundamente humillado. Por cierto, el doctor Bonino no se quedó para saludarme. Pero alguien más importante vino a hablar conmigo —era aquel que, aunque invisible, estaba sentado en la primera banca— y me pareció oírle decir: "Hijo mío, ¡qué mal me representaste hoy! Sea esta una lección para recordarte que no importa quién se siente en las bancas de la iglesia, sea el presidente de la república o el campesino más humilde, siempre tienes el deber de entregarles un mensaje mío".

Esa lección me ha servido mucho. Me preparo. Estudio cuidadosamente el pasaje que he escogido, lo organizo cuidadosamente, lo baño en oración pidiéndole a Dios que me dé palabra suya para edificar a su pueblo y darle gloria. Además, sé que el que siempre se sienta en la primera banca —aunque invisible— es mi Señor Jesucristo. Siempre procuro estar bien preparado para darle gloria.

Es por experiencias como esa que he llegado a la conclusión de que esa idea de que estamos ungidos y que, al instante, el Espíritu Santo nos dará el mensaje es una atrevida presunción. Recuerdo a los siete hijos de Esceva (la historia relatada en Hechos 19:11-16). Viendo a Pablo curar a los enfermos y echar demonios usando el nombre de Jesús, se aprendieron la fórmula y presumiblemente se pusieron a echar los demonios de un pobre poseído. Nos dice la Biblia que respondiendo el espíritu malo, dijo: "A Jesús conozco, y sé quién es Pablo; pero vosotros, ¿quiénes sois? Y el hombre en quien estaba el espíritu malo, saltando sobre ellos y dominándolos, pudo más que ellos, de tal manera que huyeron de aquella casa desnudos y heridos". De forma parecida, cuando presumimos que estamos "ungidos" y que el Espíritu nos dará poder para predicar, curar a los enfermos o echar demonios, preparémonos para un tremendo fracaso.

Por experiencia te digo que la tarea más importante del pastor es preparar sus sermones. Tenemos que estudiar las maneras de Dios y lo que Él desea si esperamos que use las palabras que predicamos.

Permíteme contarte algo de mi historia y cómo aprendí a estudiar y preparar mis sermones. Como sabes, mis padres fueron misioneros en Cuba. Allí nací y fui criado. Mis primeros recuerdos son que iba a la iglesia y oía a papá predicar. A los quince años mis padres me mandaron a Canadá, donde estaba mi abuela, para terminar mi secundaria y luego ir al seminario. Tras siete años en ese país (dos en la secundaria y cuatro en el seminario) regresé a Cuba. Allí me nombraron director de los programas de radio ofrecidos por el Seminario Los Pinos Nuevos. La hora se llamaba Alas del Alba y era un programa diario de media hora que salía por trece emisoras que cubrían la isla entera.

Los primeros tres o cuatro meses me sentí halagado con el puesto y el trabajo. Pero descubrí que predicar casi todos los días de la semana, durante media hora, agota los conocimientos que uno tiene de la Biblia de manera muy rápida. Además, en mi caso, la audiencia me escribía haciéndome preguntas, muchas de ellas doctrinales y muy difíciles.

Sé que la Biblia es un manantial inagotable pero créeme, es mucho más fácil leerla que enseñarla. Hay pasajes muy difíciles de entender; hay doctrinas muy difíciles de descifrar. A veces parece que los pasajes se contradicen. ¿Cómo encontrarle solución lógica a aquello? Desesperado, busqué ayuda. Gracias a Dios tenía un tío (se llamaba Wolfe Hansen, casado con una hermana de mi mamá), maestro de Biblia en el seminario. Él era muy estudioso, tenía un carácter muy amoroso, era gran conocedor de la Biblia y poseedor de una enorme biblioteca. Cuando fui a pedirle ayuda me respondió llevándome a su oficina: "Aquí tienes los recursos que necesitas. Estos escritores y predicadores han pasado sus vidas estudiando e interpretando la Biblia. En ellos encontrarás muchas de las respuestas que buscas".

Ese fue el comienzo de mi preparación bíblica. En el seminario había estudiado para sacar buenas notas en los exámenes y poder graduarme. Ahora comencé a estudiar para llenar mi corazón y mi mente con la Palabra de Dios y buscar la manera de usar esa Palabra bendita para ayudar a la gente a conocer a Dios.

Te cuento, Carlos, que a través de los años he tenido la oportunidad de visitar a muchos pastores. Cuando he entrado a sus oficinas he querido llorar. Las bibliotecas de tantísimos de ellos se componen solamente de una Biblia, una concordancia y un himnario. Por supuesto, Dios puede usar esas pocas herramientas, pero ¿no crees que teniendo buenas herramientas sería mucho más efectivo? Creo que un pastor eficaz necesita muchas y muy buenas ayudas. Por eso fue que en 1968 llamé a algunos compañeros de trabajo y les dije: "Los pastores de América Latina necesitan urgentemente herramientas. ¿Qué les parece si comenzamos una editorial con ese fin?"

Así nació Ministerios LOGOI. Y, como bien sabes, ahora con la computadora e Internet, toda esa información está a la disposición de los pastores que quieran aprender para ser más eficaces en su predicación y enseñanza.

Tengo mucho más que decirte sobre este tema de la preparación que necesita el pastor, pero eso tendrá que esperar a otra ocasión. Mientras tanto, gracias por escribirme. Dios te bendiga. Por favor, esta semana no dejes de estudiar y prepararte bien para lo que enseñarás; recuerda que el próximo domingo Cristo estará sentado en la primera banca y tu deber es glorificarle y darle a conocer.

Un gran abrazo,

Les Thompson

CARTA 5
La tarea más importante del pastor

Carísimo Carlos:

LO DE CARÍSIMO ES POR EL ALTO PRECIO que tienes para mí. Ahora bien, en tu carta anterior me pides que te cuente cómo preparo mis sermones. Me imagino que la pregunta nace de problemas que estás enfrentando con ese aspecto tan importante de tu ministerio. Te aseguro que, para el pastor, no hay tarea más difícil ni recompensa más grande que esa.

Pudiéramos hablar de la mecánica de la exposición, pero eso lo puedes sacar de cualquier libro de homilética. Prefiero que analicemos en qué consiste realmente un sermón.

Comúnmente diríamos que un sermón es un discurso espiritual que un expositor predica a sus fieles. Pero después de preparar y predicar tantos, yo tendría que definirlo de otra manera. He llegado a la convicción de que un sermón es ese proceso creativo en que tomo un pasaje de la Biblia para desmenuzarlo, ilustrarlo y unificarlo —con el propósito de aclarar y revelar la verdad que Dios me ha dado—, a fin de presentarlo a los fieles de la congregación. Puede que esto te parezca demasiado espiritual, pero veámoslo con detenimiento.

Yo la considero una de las tareas más complicadas que alguien puede hacer. Y la razón es esta. Un buen sermón representa el enfrentamiento de un necesitado ser humano (el pastor) con la bendita y sublime Palabra de Dios, con el objetivo de ayudar a otros necesitados. El pastor es un intermediario. Y puesto que se trata de mediación entre Dios y el hombre, hablamos de algo sobrenatural. En mi caso personal, yo como pastor me encuentro con Dios, recibo la ayuda y la iluminación del Espíritu Santo para entender su Palabra, y luego la comunico a la congregación. Si el Espíritu Santo no me ilumina y me ayuda, podré hablar (predicar) dos horas, pero sería mera oratoria, no una verdadera comunicación del mensaje de Dios a su pueblo. Si quiero tener Palabra de Dios para mi pueblo es indispensable que primero Él me hable a mí. Tal encuentro no solo requiere tiempo, esfuerzo y oración, también demanda internalización (me tiene que afectar a mí, nutrirme y cambiarme, si es que espero que cambie a otros).

Un ejemplo de lo que quiere decir eso, lo tenemos en Ezequiel 3:1-4, que reza así: *"Me dijo: Hijo de hombre, come lo que hallas; come este rollo [La Palabra de Dios], y ve y habla a la casa de Israel. Y abrí mi boca, y me hizo comer aquel rollo. Y me dijo: Hijo de hombre, alimenta tu vientre, y llena tus entrañas de este rollo que yo te doy. Y lo comí, y fue en mi boca dulce como miel. Luego me dijo: Hijo de hombre, ve y entra a la casa de Israel, y habla a ellos con mis palabras".*

Un sermón, por tanto, representa a Dios usando a un instrumento humano para declarar verdades eternas a su pueblo. Si no comprendo que se trata de una tarea total y necesariamente sagrada, es imposible que llegue a la congregación con la Palabra de Dios. Te lo ilustro.

En casi todos mis pastorados me tocó predicar por lo menos tres sermones cada semana, además de los servicios fúnebres, las bodas y las invitaciones especiales. Sabía que si quería ver la bendición de Dios sobre mi ministerio, tendría que trabajar y hacer buena planificación. Así que decidí que los domingos en la mañana predicaría sermones temáticos, ya que no era una audiencia fija (venían muchas personas que no eran miembros). Los domingos por la noche, ya con una audiencia bastante fija, daba mensajes expositivos (versículo por versículo de un libro de la Biblia). Los miércoles, mensajes doctrinales. Quiere decir que, siguiendo lo descrito en cuanto a lo que es un buen sermón, tenía que invertir muchas horas semanalmente en el estudio y la preparación. Por cierto, no me quedaba mucho tiempo para jugar golf.

Cuando se trata de confrontar a los oyentes con lo que Dios afirma en su Palabra, el mensaje no siempre es bien recibido. El cristiano frío, y también la persona que no es creyente, normalmente no reciben el sermón ya que choca con sus ideas y deseos pecaminosos.

Por cierto, en una congregación había una señora de edad, viuda y muy malhumorada. Vivía al otro lado de la calle del templo, en una casa vieja y mal cuidada que parecía tener tantas arrugas como la misma viuda. Ella asistía a la iglesia, aunque creo que más por conveniencia que por convicción. Sea como fuere, resulta que con el crecimiento que experimentábamos en la congregación, necesitamos ampliar el estacionamiento y su propiedad —con un par de hectáreas de terreno adyacente a la iglesia—, nos parecía providencial. Un día, con un par de líderes, fui a visitarla. Nos recibió con sarcasmo: "Ah, por fin el pastor viene a visitarme; seguramente quiere algo".

No nos dejó entrar a la casa, desde la puerta nos preguntó qué queríamos. Cuando le dije que habíamos venido interesados en comprar su propiedad, le dio un ataque de cólera: "Salgan de aquí", gritó, "¡y nunca más pongan un pie en esta propiedad! De ninguna manera se la vendo".

Algunos domingos más tarde prediqué un sermón basado en Lucas 18:18-30, que relata la historia del joven rico. Muy lejos de mi mente estaba la viuda y su terreno. Pero, por la tarde, recibí una llamada suya. Estaba furiosa, diciéndome que había predicado ese sermón con el fin de ablandarla y persuadirla a vendernos su propiedad. Repitió furiosa que no había manera de convencerla de que la vendiera.

Mientras ella hacía su arenga, yo me sentí agradecido a Dios. ¡La viuda entendió el sermón! Y si lo había entendido ella, seguramente los demás en la iglesia también. Por eso me preguntaba: ¿Será que esa arenga de la viuda oculta una verdadera tristeza, como la del joven rico, al entender lo que Dios pide de ella? (No era que pensara que, para agradar a Dios, ella tuviera que vendernos su propiedad, era más profundo que eso.) Aquella llamada telefónica revelaba una lucha interna que Dios había despertado en ella debido a sus posesiones.

Nuestra lucha con Dios no es con sus reglas, es con sus demandas, especialmente cuando reconocemos que nos pide la entrega completa de todo lo que somos y todo lo que tenemos.

Te cuento esta historia para indicarte que la medida de un sermón no es la estructura, no son las ilustraciones, ni tampoco la perfección del bosquejo, menos aun la erudición con que se exponga. Es si Dios ha hablado a través de nuestro mensaje que ha de tocar los corazones de los que nos escuchan. Por supuesto, no es que la estructura, las ilustraciones, la perfección del bosquejo y la erudición con que se predique no jueguen un papel relevante. Es que esa parte es solamente el mecanismo usado. Como predicadores necesitamos ir más allá para *"comer"* del *"rollo"* de Dios, digerirlo, hallarlo *"dulce"* para entonces *"hablarle"* al pueblo las palabras de Dios.

Estoy consciente de que en el seminario estudiaste homilética. Aprendiste todas las reglas en cuanto a la preparación de un sermón. Pero, por favor, acepta de este tu viejo amigo el secreto de lo que da verdadera vida y valor a un sermón. Te he contado mis convicciones. Espero que te ayuden a recordar la seriedad de este llamado sagrado que Dios te ha dado. Que Dios te use grandemente esta semana en tu iglesia.

Te repito que si quieres alguna aclaración sobre algo de lo que te he dicho, no lo dudes, pregúntame. Sea como sea, espero tu misiva.

Un cordial abrazo,

Les Thompson

CONFESIÓN
de FE de
WESTMINSTER

Iglesia Presbiteriana Broadway
Bellingham, Washington

CARTA 6
Mi arma secreta

Mi amigo Carlos:

TIENES RAZÓN AL PREGUNTAR cómo se evita la rutina en el pastorado ya que, al parecer, es un círculo vicioso de actividades que se repiten semana tras semana, cincuenta y dos veces en el año. Por cierto, al cabo de varios años el pastor fácilmente puede hasta quedar mareado.

Eso me sucedió tras cuatro años de dirigir el programa radial Alas del Alba, en Cuba. Lo que encontraba desconcertante eran las preguntas doctrinales que me hacían los oyentes, especialmente los que pedían una explicación de la relación de una doctrina con otra. Te doy algunos ejemplos: "¿Cómo entendemos la gracia de Dios a la luz de los juicios de Dios?" Otra: "¿Cómo explicamos las maldiciones de David contra sus enemigos a la luz del amor que Dios requiere de nosotros?" Otra: "¿Qué tiene que ver la ley de Moisés con nosotros que vivimos por fe y no por obras?" Y otra más: "Si la fe que salva es sin obras, ¿no se contradice la Biblia cuando claramente nos las pide?"

Mi problema era que podía hablar sobre las doctrinas de la Biblia como el juicio venidero, el amor de Dios, la ley de Moisés, la salvación por la fe y las obras que debemos hacer para agradar a Dios. Sin embargo, lo que me daba mucha dificultad era relacionar las que parecían ser contradictorias.

Me di cuenta de que necesitaba más estudios, por lo que clamé a Dios, como nos instruye Santiago 1:5, confiando en sus promesas en cuanto a que *"si alguno de vosotros tiene falta de sabiduría, pídala a Dios, el cual da a todos abundantemente y sin reproche, y le será dada"*. Te cuento la manera en que Dios contestó esa oración. De una vez te digo que no fue por una visión, fue por un presbiteriano.

Poco después de haber llegado a Cuba me casé y tenía dos varoncitos. Mi novia y yo nos habíamos enamorado en el seminario en Canadá y, tras varios meses de mi regreso a Cuba, nos casamos. Cuatro años después, me di cuenta de que era tiempo de regresar a los Estados Unidos para visitar a los padres de ella. A la vez, pensé en buscar la manera de profundizar en mis estudios de las doctrinas bíblicas. Así que decidimos tomar un año de "descanso" y regresar a Bellingham, Washington, donde vivían los padres de María. Allí buscaría la manera de adelantar mis estudios.

Esos días de reencuentro con la familia de María fueron hermosos. Pero no solo de amor vive el hombre. Necesitaba buscar empleo. Estábamos sin dinero y tenía que cumplir con las necesidades de mi familia. Puesto que era pastor, lo más lógico era buscar una iglesia que me diera trabajo. Saqué mis credenciales bautistas e hice una lista de todas las iglesias bautistas de la ciudad. Las visité una por una. Ni una me abrió la puerta. Entonces busqué trabajo con varias iglesias independientes, pero tampoco. Viendo mi frustración, mi suegro me dijo: "¿Por qué no vas a la iglesia presbiteriana?, quizás ellos te den trabajo". Asombrado le contesté: "¿Yo, un bautista, buscar trabajo en una iglesia presbiteriana? ¡Imposible!" A mi mente vino todo lo que me habían contado de los presbiterianos: que eran liberales, que se habían apartado de Dios y de la Biblia, que sus doctrinas eran erradas, que las iglesias eran frías y sin vida, etcétera.

La necesidad, a veces, le induce a uno a hacer cosas que jamás soñaría. Así que, por fin fui a la iglesia presbiteriana principal de la ciudad de Bellingham a solicitar empleo. El pastor me recibió calurosamente. Me invitó a entrar a su oficina y allí, luego de servirme un café, me preguntó acerca de mi trabajo misionero, de mi familia y de mi persona. Al terminar me dijo: "Hemos estado buscando a un pastor que nos ayude con los jóvenes. Usted parece llenar los requisitos. ¿Cuándo puede comenzar?"

Ahora ¿qué iba a hacer? Estaba comprometido. El siguiente domingo me presentaron ante la congregación y tuve mi primera reunión con los jóvenes. Todos parecían amar al Señor. En verdad, no vi diferencia entre ellos y los bautistas. ¿Sería que todo era una máscara y que detrás de aquellas sonrisas presbiterianas había algo escondido? Determiné prepararme bien para ganarme los corazones y las almas de aquellos que presumía estaban perdidos y a los que ahora yo comenzaba a servir.

El siguiente domingo llegué a la iglesia con mi Biblia y una pequeña libreta. Allí iba a anotar todas las declaraciones no bíblicas que observara en la predicación del pastor. ¡Qué sorpresa! Dio un sermón expositivo, muy bíblico y lleno de pasión y amor por Dios y los congregados. Pensé que seguramente era una excepción y que los errores le saldrían el próximo domingo. Pero, ese segundo domingo, mi libreta volvió a quedarse limpia; no encontré errores. Y así ocurrió durante un mes. Ahora iba a los servicios esperando las bendiciones de Dios.

Para tranquilizarme me propuse hablar con el pastor. Tenía muchas preguntas que hacerle. El doctor Harrison me recibió cariñosamente, dándome gracias por el trabajo que hacía con los jóvenes. Se rió mucho cuando le conté acerca de las dudas que había tenido en cuanto a los presbiterianos. Confesó que tristemente había muchos de ellos que habían perdido su fe, tanto en la Biblia como en Dios. Sin embargo, eran muchos los que como él seguían fieles a la Biblia, a Dios y a las doctrinas que Dios nos da en su Palabra. Terminé contándole acerca de la confusión y los conflictos doctrinales que tuve en Cuba. De inmediato fue a su biblioteca, sacó un tomo y lo puso en mis manos. "Este es mi regalo para ti", me dijo. "Aquí encontrarás muchas de las respuestas a tus preguntas". El libro era *La confesión de fe de Westminster* (que está al alcance de todos; búscala en Internet, donde está completa y sin costo para cualquiera que se interese en bajarla, leerla y estudiarla).

Toda aquella noche, comenzando con la introducción y contando cómo *La confesión de fe de Westminster* llegó a ser escrita, la pasé leyendo. Enseguida noté que estaba llena de declaraciones doctrinales. Leí cuidadosamente cada una, comparando cada párrafo con las citas bíblicas anotadas en el texto. El próximo día lo pasé íntegramente haciendo lo mismo. Todo se me fue aclarando. Todo estaba bien explicado, documentado y respaldado por la Biblia. Grande fue mi alivio al encontrar allí respuestas para los temas que me habían confundido. A través de ese libro y muchas conversaciones que tuve con el doctor Harrison, Dios abrió mi mente para comprender mejor su Sagrada Palabra. ¡Qué maravillosas maneras tiene Dios para contestar nuestras peticiones!

Aquel libro sirvió otro propósito, interesarme en la historia del cristianismo. Leí varias biografías sobre la vida de Martín Lutero (me impresionó tanto que más tarde también escribí *El triunfo de la fe*, que se puede encontrar en nuestra página www.logoi.org). También llegué a comprender la importancia de la Reforma Protestante del siglo XVI y la necesidad que tenemos hoy de regresar a estudiar, estimar y vivir los principios bíblicos expuestos por aquellos grandes defensores de la fe.

No comprendo por qué *La confesión de fe de Westminster* es tan desconocida hoy. A mi juicio, debe ser uno de los textos más leídos y consultados por los pastores. Te aseguro que quitaría mucha de la confusión doctrinal de nuestros días. Es un manual histórico que responde al llamado del Parlamento de Inglaterra en 1643 (cien años después del comienzo de la Reforma de Martín Lutero) pidiendo que "hombres preparados, de carácter santo y de buen juicio" se congregasen en la Abadía de Westminster. Su tarea era preparar un manual que diera directrices a la iglesia en relación con su doctrina, adoración, gobierno y disciplina (¿puedes imaginarte a un parlamento en nuestros días haciendo lo mismo?). Es de interés notar que el manual refleja la posición mayoritaria de la iglesia evangélica de aquellos días, la reformada.

Bueno, Carlos, ahí te he contado un relato muy importante de mi vida. No sé si estés enfrentando confusión con algunas doctrinas de la Biblia; si así fuere, te recomiendo ese manual que me ayudó tanto. Además, sigo pidiendo que Dios derrame sus bendiciones sobre ti y tu ministerio. Me pregunto: ¿cuál será el próximo planteamiento que me harás? Sea cual sea, me dará mucho placer seguirte escribiendo.

Abrazos,

Les Thompson

Primera Conferencia de LOGOI (Chile 1979)

CARTA 7
¿Te sientes incapaz?

Apreciado Carlos:

EN TU CARTA ME PREGUNTAS si en alguna ocasión me sentí espiritualmente incapaz de ayudar y dirigir a mi congregación. Me apuro a decirte que así me sentí una vez tras otra, a lo largo de mi ministerio. Te cuento acerca de una de esas horas decisivas.

Te relaté, en una carta previa, cómo iniciamos la Editorial LOGOI con el fin de ayudar a pastores con pocos estudios. Gratamente pudimos ver nuestros libros llegar a todos los rincones del continente, por lo que recibimos muchas cartas de agradecimiento. Una de ellas, del sur de Chile, venía con una invitación por parte de un grupo de pastores pidiendo que fuera para ayudarles en un retiro. Acepté la invitación y junto con un colega, Alejandro Wojnarowicz, llegamos a un campamento cerca del volcán Villarica, uno de los lugares más maravillosos del país.

Nunca olvidaré esa semana. ¡Con qué calidez y amor nos recibieron aquellos pastores! ¡Qué tiempo más hermoso pasamos conociéndonos y estudiando la Palabra de Dios! Demasiado rápido pasaron los días y llegó el momento de la despedida. Los pastores nos rodearon haciendo un semicírculo y, uno de ellos, Hernán Arcos, se acercó para darnos las gracias en representación de todos: "Agradecemos de corazón su venida, Dios sabe cuánto lo necesitábamos y cuánto hemos aprendido". Entonces me miró y dijo: "Lo que necesitamos, señor Thompson, no son retiros, son estudios y certificación pastoral. Le pedimos, hermano, que nos prepare un programa de estudios bíblicos, si es posible, con un diploma para poder mostrar a nuestra gente que tenemos preparación bíblica". Me sorprendió aquel pedido, no lo esperaba. Pero conmovido por esa súplica tan sincera, prometí que con la ayuda de Dios me esforzaría para buscar respuesta a esa petición.

Recuerdo que al regresar a Miami agonizaba bajo el peso de aquella petición y consecuente promesa. Tan miserable me sentí que un día mi esposa me dijo: "¿Y por qué hiciste tal promesa? Tú mismo te metiste en ese callejón sin salida. Ahora, solo Dios te puede salvar". En verdad no sabía ni dónde ni cómo comenzar. ¿Cómo se da un programa de estudios teológicos a pastores que no pueden dejar a sus iglesias y familias para ir a un seminario lejano?

Seguramente algunos de los educadores de seminarios establecidos me podrían dar la respuesta. Así que hice tres viajes: a Costa Rica, a Guatemala y a California. En cada uno de esos lugares tenía conocidos que eran excelentes educadores y buenos amigos. Todos me dijeron lo mismo: "Si vienen aquí les enseñamos". "Escúchenme con cuidado, por favor", contesté, "¿Cómo van a dejar sus iglesias y familias para venir de Chile hasta acá para estudiar? ¿Qué pasaría con sus iglesias? ¿Cómo pagarán los costos? Si hemos de ayudarles, tenemos que llevarles la educación a donde viven". Meneando sus cabezas negativamente me dijeron: "Eso que pides es imposible", a lo que pensativamente y con cierta premonición contesté: "Para Dios todo es posible".

Regresé a casa muy desanimado. Le dije a Dios: "He hecho todo lo posible para buscarle solución a las necesidades de esos pastores. Ahora quítame esta responsabilidad. Les escribiré a los pastores explicando lo que había hecho y contándoles que no había medio de llevarles el tipo de educación que ellos pedían". No importaba lo que orara, ni lo que pensara. La imagen de esos pastores necesitados no se me quitaba de la mente.

Como te habrás dado cuenta, Carlos, constantemente hablo con Dios. Nunca me ha contestado en voz alta, ni en visiones, ni en sueños. No obstante, al orar y pensar, he hallado respuestas. En esa ocasión me pareció que Dios me decía: "Yo no les pedí a tus amigos que proveyeran maneras de ayudar a mis pastores, te lo he pedido a ti". Así que le contesté: "Tú bien sabes que yo no soy educador, soy un sencillo pastor. Yo no sé ni cómo ni dónde comenzar. Por favor, busca a otro que sepa cómo hacerlo".

En aquellos días, en mi estudio personal de la Biblia, leía el libro de Éxodo. Había llegado al capítulo 32, donde se encuentra el relato del becerro de oro. Recuerda que Moisés bajó del monte (donde Dios le estuvo dando las leyes para Israel) y vio el vergonzoso cuadro del pueblo desbordándose en pecado. Airado, rompió las tablas de los Diez Mandamientos, reprendió a Aarón y, con la ayuda de los levitas, castigó con muerte a los instigadores y a los seguidores. Entonces (capítulo 33) Dios le dijo a Moisés: *"Yo enviaré delante de ti el ángel... pero yo no subiré en medio de ti, porque eres pueblo de dura cerviz, no sea que te consuma en el camino"*.

Esa declaración aterrorizó a Moisés. No hubo manera de que se atreviera a moverse de ese monte a menos que un ángel le guiara. Solo confió en la dirección directa del mismo omnipotente y omnisciente Dios. Entonces hizo una de las intercesiones más emotivas encontradas en la Biblia: *"Ahora, pues, si he hallado gracia en tus ojos, te ruego que me muestres ahora tu camino, para que te conozca, y halle gracia en tus ojos; y mira que esta gente es pueblo tuyo. Y Dios le dijo: Mi presencia irá contigo, y te daré descanso"*.

Esa petición de Moisés hizo profundo eco en mi corazón. De modo que le dije a Dios: "Señor, si en verdad me has llamado para hacer algo que ni sé cómo hacer, tendrás que mostrarme el camino para que yo pueda ayudar a tu pueblo. Aquí estoy para que me guíes". Me pareció oír las palabras que les dan seguridad a sus siervos: *"Mi presencia irá contigo y te daré descanso"*.

Te aseguro, Carlos, que Dios no solo levantó mis ánimos, nos fue enseñando qué y cómo hacer las cosas de maneras asombrosas. Cuando nos faltaban las finanzas, tocaba los corazones de la gente pudiente para suplirlas. Cuando llegamos a mares imposibles de cruzar, nos abrió camino. Cuando confrontamos problemas educativos que no podíamos solucionar, nos trajo expertos que nos dieron las soluciones.

Así fue que en el año 1977 Dios permitió que naciera FLET (Facultad Latinoamericana de Estudios Teológicos). Dios maravillosamente usó ese programa de estudios para servir a miles de pastores en todo el continente americano. Desde México a Argentina he tenido la oportunidad de entrar a las oficinas de pastores y ver colgado un diploma de FLET. Dios contestó nuestras oraciones y su presencia definitivamente se sintió entre nosotros, guiándonos y dándonos descanso. Nos ayudó a crear programas eficaces de dos y tres años en respuesta a aquella petición de auxilio que escuchamos en Villarica.

Por cierto, tuve que hacer un cambio: de pastor a profesor de Biblia y teología. Ahora no eran sermones los que tenía que preparar, era un programa. Necesitaba textos para crear un currículo de forma que pudiésemos ofrecer títulos legítimos. Para el primer año tenía suficientes textos, libros de estudio que habíamos publicado en Editorial LOGOI (*Introducción a la Santa Biblia*, *Enciclopedia de problemas sicológicos*, *Cómo preparar sermones dinámicos*, *Guía Pastoral*, *Los Hechos*, *Hebreos*, *Todas las doctrinas de la Biblia*). Pero, ¿qué haríamos para el segundo y tercer año? Tendrían que ser textos de valioso contenido que realmente sirvieran para profundizar en la enseñanza de los pastores. Brevemente te cuento cómo Dios me ayudó de nuevo en ese proceso.

Mi hijo Daniel, al cual Dios llamó al pastorado, ingresaba ese año en el Seminario Reformado en Jackson, Mississippi. Le conté lo que necesitaba y le pedí que me mandara los libros —especialmente los de doctrina y teología— que tenía que estudiar. Así comenzó otra nueva aventura. Decidí estudiarlos por mi propia cuenta, teniendo a Daniel como mi intermediario. Cuando tenía dificultad con algún tema, llamaba a Daniel para que me buscara respuestas a través de su profesor. Con ese sistema no solo encontré los libros que necesitaba para el currículo de FLET, sino que pude iniciar una segunda etapa de estudio personal en un seminario y enriquecer mis propios conocimientos. Imagínate la ayuda que ese estudio fue para mis clases con los pastores.

¡Qué bueno es Dios! ¡Cómo nos dirige cuando estamos dispuestos a seguirle! Ese texto de Éxodo 33:13 y 14 se ha quedado grabado en mi corazón, anclándome en la fidelidad de Dios.

Te aseguro, Carlos, que todos somos incapaces de hacer un trabajo digno para nuestro Padre celestial. ¡Qué bueno que podemos confiar en su gran fidelidad! Sigue dependiendo de Dios, Él te hará triunfar. Espero tu próxima carta.

Con afecto,

Leslie Thompson

CARTA 8
Pureza

Afectuoso Carlos:

EN TU CARTA ANTERIOR me haces una de las preguntas importantes que un pastor pueda formular: "¿Cómo se mantiene la pureza?" Al leerla, de inmediato llegaron a mi mente las palabras de Jesús: *"Bienaventurados los de limpio corazón, porque ellos verán a Dios"*. Sé que como pastores queremos "ver" a Dios, y queremos que nuestra congregación también lo "vea". Cuán importante, por tanto, es aprender a vivir en limpieza y pureza.

Por cierto, la limpieza y la pureza tienen que ver con varios aspectos de la vida: por ejemplo, los hurtos, la avaricia, las maldades, la envidia, la soberbia, la lascivia, etc. Pero, creo que al hablar de pureza, el mayor obstáculo para alcanzarla tiene que ver con nuestra sexualidad.

La pregunta debe ser: ¿Cómo vencemos la impureza en días como estos en que la sexualidad corre desinhibida por toda la tierra?

Me acuerdo —creo que fue en Argentina— de un pastor con una pierna deformada, tuerto y con aspecto nada agradable que se me acercó a pedirme consejos. "No sé qué hacer", me dijo, "¡las mujeres se me tiran encima dondequiera que voy!" Al escucharle pensé: "Si un cojo feo tiene estos problemas, ¡pobre de nosotros que tenemos el cuerpo sano y la vista buena!"

Vivimos, creo, en días muy parecidos a los de Noé, en que igualmente como ellos, *"viendo los hijos de Dios que las hijas de los hombres eran hermosas, tomaron para sí mujeres..."* ¡Cuántas caídas y fallas escandalosas hay entre pastores! ¡Cuántas entre los cristianos que cada domingo se sientan como santos en nuestras congregaciones! En verdad estamos saturados de sexo. El sexo y la pornografía se exhiben impúdicamente en nuestros televisores, carteleras públicas, estantes de revistas, películas, comerciales, hasta en nuestros chistes obscenos. Me pregunto: ¿estará viendo Dios, como en los días de Noé, que *"la maldad de los hombres es mucha en la tierra, y que todo designio de los pensamientos del corazón de ellos es de continuo solamente el mal?"* (Génesis 6:5)

Uno se cuestiona, ¿tuvo Jesucristo tentaciones sexuales? Sabemos que en dos ocasiones se encontró a solas con mujeres de cuestionable virtud: la mujer samaritana y la que fue encontrada en adulterio. Sin embargo, dice Hebreos 4:15 que *"fue tentado en todo según nuestra semejanza"*, indicando que también sufrió tentaciones sexuales. Entonces viene la pregunta, ¿cómo hizo para que el escritor pudiera añadir: pero sin pecado? Si Jesús triunfó sobre esas tentaciones, ¿no podremos hacerlo nosotros también?

Te contaré acerca de unos consejos que le di a mi nieto David. Con 17 años, ya se destaca en béisbol y fútbol americano. Este año recibió el premio al mejor deportista de secundaria en el Condado Miami-Dade, que incluye a la ciudad de Miami. Sus hazañas en estos dos deportes han producido artículos en nuestro periódico, el *Miami Herald*, y hasta unos párrafos sobre él aparecieron en la revista *Sports Illustrated*. Y me pregunto: ¿qué es lo que normalmente viene con toda esa fama y popularidad? ¡Chicas... y todo tipo de tentación! Puesto que David ama mucho al Señor y su ejemplo cristiano ha tocado a muchos de sus compañeros deportistas, como abuelo —y pastor— él y yo nos hemos sentado varias veces a hablar. Recuerdo una vez en particular.

—¿Cómo puedo evitar las tentaciones? —me preguntó.

—No hay manera de evitarlas, hijo —le dije—, hasta el mismo Jesús fue tentado. Lo que tenemos que aprender es cómo vencerlas.

Entonces hablamos de lo que es la tentación (aquello que nos tienta a desobedecer a Dios). Siempre viene acompañada de nuestros deseos naturales que van en contra de lo que Dios nos ha enseñado y pedido. ¡Es por esas características que lo podemos reconocer!

Así que le dije:

—En el mismo instante en que reconocemos que estamos siendo

tentados, tenemos que actuar. Ese es el momento preciso, como José cuando fue tentado por la esposa de Potifar, que dijo: *"¿Cómo pues haría yo este grande mal y pecaría contra Dios?"* (Génesis 39:9)

Igual que José tengo que reconocer que, si caigo, ese pecado causará gran mal. Es decir, afectará a varios otros, a mí, a mi relación con Dios, a la persona con quien peque, a mis familiares y lo peor, dejaría un testimonio desfavorable en la comunidad. No hay pecado que no involucre a los demás.

No obstante, esa es solo la primera cosa. La segunda es mucho más grave, porque todo pecado es contra Dios. Pecamos contra lo que hizo por nosotros al morir en la cruz. Pecamos contra el poder que nos ha dado para vencer toda tentación. Pecamos contra ese gran amor que tiene para con nosotros como sus hijos. Es como si le diéramos una bofetada, diciéndole que ni Él ni lo que es nos importa.

De modo que le expliqué a David que tenemos que decirle NO a la tentación en el momento que se nos presente. Recordemos que en el Huerto de Edén, cuando se le apareció la serpiente a Eva, aquella comenzó a hablarle. Eva no la despidió. Al contrario, comenzó a elaborar con la serpiente. Escuchó a la serpiente insinuar que Dios le había mentido y que la desobediencia no le traería consecuencias. Vio que la fruta era deseable, por lo tanto creyó a los depravados argumentos de Satanás, de modo que tomó la fruta y la comió.

Cuando llega la tentación y nos ponemos a pensar en ella, de inmediato estimulamos a la mente. Esta nos asegura lo deseable que es. La mente nos dirá que nada pasará. Nos pedirá disfrutar el momento. Pronto, como Eva, estaremos comiendo de la fruta prohibida. Tenemos que darnos cuenta de que la tentación siempre apela a nuestros deseos pervertidos, por eso es que en el mismo instante de reconocerla tenemos que decirle un NO definitivo. *"¿Cómo pues haría yo este grande mal y pecaría contra Dios?"*

Veamos como aconsejó Jesús a sus discípulos en cuanto al sexo. Habló, en primer lugar, de los ojos: *"Os digo que cualquiera que mira a una mujer para codiciarla, ya adulteró con ella en su corazón. Por tanto, si tu ojo derecho te es ocasión de caer, sácalo, y échalo de ti; pues mejor te es que se pierda uno de tus miembros, y no que todo tu cuerpo sea echado al infierno. Y si tu mano derecha te es ocasión de caer, córtala, y échala de ti; pues mejor te es que se pierda uno de tus miembros, y no que todo tu cuerpo sea echado al infierno"* (Mateo 5:28-30).

El ojo es la parte del cuerpo que mira, por tanto, es el culpable de inducirnos a pecar. Por eso Jesús señala a los ojos como el gran factor en nuestras caídas. Con solo mirar a una mujer con malas intenciones se comienza el proceso de una caída. Un comentarista lo explica diciendo que "miramos a una mujer de tal manera que la invitamos a pecar con nosotros". Con una mirada podemos invitarla a adulterar. Como se dice, "se necesitan dos para bailar un tango". No solo participa la mirada invitadora del hombre, sino también la mirada afirmativa de la mujer.

Lo que esa mirada despierta es nuestra imaginación. Ahora, la imaginación es un gran don de Dios, pero si en lugar de mirar a lo lindo, hermoso y limpio, la nutrimos con las suciedades que nuestros ojos ven, producirá toda clase de impureza. En nuestra búsqueda de limpieza y pureza, por tanto, lo que nutre nuestra imaginación es muy importante, puesto que todo pecado comienza ahí, en nuestra imaginación.

El remedio que nos da Jesucristo parece muy drástico: *"si tu ojo derecho te es ocasión de caer, sácalo, y échalo de ti... si tu mano derecha te es ocasión de caer, córtala".* No es hasta que reconocemos la consecuencia que produce una vida disoluta que entendemos la razón de tal advertencia (*"pues mejor te es que se pierda uno de tus miembros, y no que todo tu cuerpo sea echado al infierno"*).

En cuanto a lo sexual, Jesucristo pide acciones drásticas: saca el ojo ofensor, corta la mano con la cual pecarías (varios expositores indican que la "mano derecha" es un eufemismo para el órgano sexual). Fue así que Orígenes (185-254), padre y gran teólogo de la Iglesia primitiva, bajo la influencia de este texto, se hizo eunuco. Y no fue el único. Varios en la historia hicieron lo mismo. Un ejemplo reciente es el siguiente: en la Gaceta de Salamanca, España, reportaron el 3 de septiembre de 2007, que un joven de 30 años se hizo eunuco, explicando que lo hizo con la ilusión de *"no pecar más".*

Nos preguntamos, ¿Pide Jesús que literalmente tomemos esas acciones tan radicales? Proverbios 21:4 afirma: *"Altivez de ojos, y orgullo de corazón, y pensamiento de impíos, son pecado".* Todo pecado puede resultar en que tu cuerpo sea echado al infierno. Tendemos a tolerar las conductas pecaminosas culpando a los malos genes, a las hormonas desequilibradas, a los abusos sufridos en la niñez, etc. No importa. Pecado es pecado, no importa la causa o motivación. Lo que pide Jesucristo es que tomemos medidas fuertes para eliminarlos. Si el deseo de Jesús fuera que literalmente cortásemos cualquier miembro de nuestros cuerpos para no cometer pecado, todos estaríamos sin manos, sin pies y sin ojos. Por lo tanto, creo que hemos de tomar estas severas palabras figurativamente, pero estrictamente. ¡No demos en ningún momento lugar al pecado! Cuando lo tratamos livianamente y no le damos importancia trae severas consecuencias.

¿Cómo, entonces, se mantiene la pureza?

La respuesta es triple:

(1) Asumiendo la misma actitud que tuvo Jesucristo hacia el pecado.

(2) Cortando al pecado radicalmente en el instante que lo reconozcamos.

(3) Pidiéndole a Dios que *"no nos metas en tentación, mas líbranos del mal"*.

Reconozco que el tono de esta carta ha sido serio, pero así es este tema. Como pastores, nunca podemos tratar el pecado con liviandad. Fue el pecado lo que mandó a Cristo a la cruz. Es el pecado lo que nos manda al infierno. Agradezco tus comentarios sobre lo que he escrito. Si algo no te queda claro, pregúntame por favor. Sea como sea, no dejes de escribirme.

Con amor fraterno,

Les Thompson

1. *Ken y Kim Thompson*

2. *Dan y Margaret Thompson*

3. *Gregg y Beverly Thompson*

4. *Ed y Jenn Thompson*

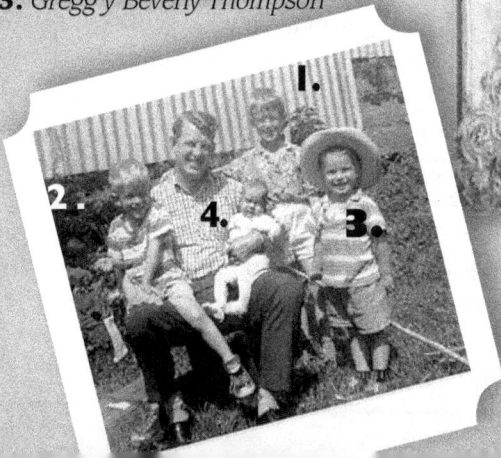

Los novios cuando niños

CARTA 9
Alegrías del ministerio

Mi amigo Carlos:

EL PEDIRME QUE TE ESCRIBA sobre algunas experiencias alegres que he tenido en el ministerio, me pregunto si me lo solicitas porque estás pasando por tiempos malos y quisieras que fueran buenos. Por cierto, no todos los momentos en el ministerio son alegres. Eso me hace pensar en lo que Dios le dijo a Ananías en cuanto a Saulo de Tarso: *"Yo le mostraré cuánto le es necesario padecer por mi nombre"* (Hechos 9:16). Pero, sí, tengo muchos momentos de gran alegría.

Recuerdo el gran gozo que me dio bautizar a mis cuatro hijos. No olvido la alegría que tuve al conducir el matrimonio de mi primer hijo, y subsecuentemente los de los otros tres. Me acuerdo también de otros gratos momentos paternales, por ejemplo, los bautizos y las bodas de mis nietos. (Debo aclarar que siempre he tenido el concepto de que mi primera congregación es mi propia familia.) Imagínate el gozo de tener a mi hijo mayor, Kenneth, sirviendo a Dios como ejecutivo de una de las organizaciones misioneras más grandes del mundo. Piensa en la tremenda gratitud a Dios que sentí años atrás, al participar en la instalación de Daniel, mi segundo hijo, como pastor, y ver año tras año su fidelidad y diligencia en el ministerio.

También la satisfacción de ver a mi tercer hijo, Gregorio, presidir una escuela cristiana donde se enseña anualmente a unos novecientos alumnos no solo matemáticas y ciencia, sino a vivir para Cristo. Y el increíble gozo de ver a los directivos de LOGOI unánimemente elegir a mi hijo menor, Eduardo, para sucederme como presidente de este ministerio. Y, ni sé como decirlo, pero en verdad no tengo palabras para expresar la gran complacencia de tener a mi querida esposa Carolina siempre a mi lado, ayudándome amorosamente y contribuyendo con sus muchos talentos al llamado que Dios me ha dado.

Hechos tan relevantes como elementales que, a la vez, satisfacen mi corazón. Cosas que le permiten a uno pasar por alto las pequeñas frustraciones que inevitablemente ocurren en el ministerio.

Hablando de frustraciones, recuerdo un incidente ocurrido a los pocos meses de haber asumido mi quinto cargo pastoral. La iglesia tenía un anciano muy altivo que, como el contribuyente financiero más fuerte de la congregación, se creía el rey del rebaño. Sorpresivamente descubrí que tenía conceptos muy cerrados y rígidos en cuanto a lo que las mujeres podían hacer en la iglesia. Sucede que para un domingo de fiesta nacional le pedí a una poetisa, miembro de la congregación, que nos deleitara con una de sus obras en conmemoración de la fecha patria. Ese día, en pleno momento de adoración, la presenté y le cedí el púlpito. ¿Para qué fue eso? A pesar de que era un poema que daba gracias a Dios por bendecir tanto a la patria, el anciano se enfureció. Al terminar el servicio se me acercó con una airada arenga: "¡Es un sacrilegio que una mujer se pare en el púlpito! Ese es un lugar sagrado y le pertenece solo al ungido de Dios. Además, ¿no sabe usted que es blasfemo recitar una poesía patriótica donde solo se debe anunciar la Palabra de Dios?" Pese a las tendencias actuales de buscar cualquier motivo para dividir a una iglesia, me sentí dichoso porque nadie le hizo partido. Pero pasé unos momentos de frustración.

Doy gracias a Dios que fueron muy pocas las disensiones en las iglesias en las que serví. Los momentos de gozo y felicidad superaron en mucho a los de desacuerdo y conflicto. Si me preguntas cuál fue la congregación que más gozo me dio, tendría que decirte que sin duda alguna fue la Iglesia Presbiteriana Le Jeune, cerca del aeropuerto internacional de Miami.

Era una iglesia que tuvo seiscientos miembros pero, por un pleito entre los ancianos y el pastor, se dividió y la mayoría se fue con el pastor para establecer otra iglesia. Quedaron unos cuatrocientos miembros. Luego llamaron a un pastor con magníficas credenciales teológicas, pero un hombre infeliz, amargado y enojadizo. Domingo a domingo, lo que hacía era amontonar sermones acusatorios y lanzar amenazas con tormentos eternos a los que no se arrepentían. Rápidamente la gente abandonó la iglesia. Por fin, cuando la membresía quedó en cuarenta y ya no podían pagarle su salario, el pastor se fue. Ahí quedó un edificio hermoso en una de las calles principales de Miami con solo un puñado de gente. Los pobres fieles tuvieron que hacer todo lo posible para pagar su enorme hipoteca.

Uno de los miembros de la congregación, conocido mío y presidente del Banco Nacional de Florida (era el que le había arreglado el préstamo para edificar la iglesia), pidió verme. Me dijo que necesitaba un pastor que fuera a predicarles el domingo. Conociendo algo de la historia y de los sucesos tristes que había sufrido esa grey, acepté por lástima la invitación. Al terminar el servicio matutino, los ancianos me rodearon para pedirme el favor de que regresara el siguiente domingo. Así que, de domingo a domingo, ayudé a la iglesia. Predicaba, sentía lástima, pero solo hasta ahí llegaba mi interés. Pero, como al mes, se me presentó una comitiva rogándome que aceptase el cargo de pastor. De inmediato le agradecí su amorosa oferta, pero la rechacé. (La iglesia donde hasta hacía poco había trabajado tenía mil doscientos miembros, una sólida base financiera, y a varios líderes prestigiosos de la ciudad. ¿Cómo iba yo a aceptar una posición en una iglesia con solo cuarenta personas y a punto de declararse en bancarrota?)

Me sentí justificado con mi decisión. Solo había una cosa que me estorbaba: la comitiva de la iglesia me había pedido que orase buscando la voluntad del Señor. Les prometí que lo haría, pero lo dije solo como si fuera un formalismo cristiano. Creía que ya conocía la voluntad de Dios y que no necesitaba orar. Esa noche leí la Biblia, oré (sin acordarme de la promesa), y me acosté. No pude dormir. La petición de la comitiva retozaba en mi mente. Por fin oré. Fue una oración sincera, pero de compromiso: "Señor, yo no quiero ser pastor de esa iglesia. Yo no amo a esos miembros. Pero si esa es tu voluntad, tendrás que hacer dos cosas: cambiar la actitud de mi corazón y darme un amor genuino por esas personas".

Debí haberle pedido una tercera cosa, que también cambiara el corazón de mi esposa, porque cuando le conté a Carolina lo que había orado, ella me dijo: "Si aceptas ese cargo, yo con nuestros hijos iremos a otra iglesia. En Le Jeune no hay nada que me atraiga. No puedo imaginarme trabajando con todos esos viejos. No hay nadie de mi edad. Tú y yo seríamos los únicos de edad mediana. Además, no hay niños ni jóvenes para hacerles compañía a nuestros hijos".

Ese domingo siguiente fui a predicar. No esperaba nada distinto, pero ocurrió el milagro. Cuando subí al púlpito para comenzar el servicio vino un cambio sorpresivo a mi corazón. De un momento a otro quería ser el pastor de esa congregación, quería abrazar a todos los cuarenta ancianos y decirles cuánto les amaba. Ese día se cumplió lo dicho por el apóstol Pablo en Romanos 5:5: *"El amor de Dios ha sido derramado en nuestros corazones por el Espíritu Santo"*. De paso, lo mismo ocurrió en el corazón de Carolina, ya que no se fue a otra iglesia con nuestros cuatro hijos.

Ese fue el comienzo de una aventura inolvidable con Dios. Sucedieron cosas inconcebibles.

Recuerdo que después del culto de oración el miércoles siguiente, en el que solo habían llegado nuestros cuatro hijos, mi esposa, cuatro personas más y yo, Carolina me hizo una apuesta: "¡A que yo consigo más niños que vengan los miércoles que tú adultos!" Así comenzó una regata al parecer inocente, pero que Dios usó para levantar la iglesia. El domingo les anuncié a los ancianos el reto que me había propuesto mi esposa, pidiéndoles que por favor vinieran al culto de oración el miércoles, que yo iba a comenzar una serie de estudios sobre el Padrenuestro.

El lunes, sin decirme nada, Carolina tomó a los cuatro chicos y fue por todo el barrio, casa por casa, invitando a los niños y adolescentes a venir a la iglesia el miércoles, prometiéndoles que ella tendría una sorpresa muy especial para ellos.

Llegó el miércoles. A mi culto de oración llegaron trece. Al servicio de Carolina llegaron diecisiete, la sorpresa era un mono gracioso y juguetón que unos misioneros de Colombia nos habían regalado. Con el mono, las canciones y las historias bíblicas ilustradas con franelógrafos, ella se ganó a los chicos. Todos prometieron volver el próximo miércoles. Y así pasamos el verano, cada miércoles Carolina ganándome con sus chicos, pero yo contento puesto que cada semana más y más adultos llegaban a la iglesia.

Todo eso requirió esfuerzo, mucho trabajo. Recuerdo las excesivas horas que Carolina dedicaba cada semana a preparar las clases para los chicos. Buscaba recursos, libros, arte, canciones, películas, lo que fuera, con el fin de ilustrar las grandes historias bíblicas y ganarse a los pequeños. Quería ver los corazones de cada uno de ellos transformados por el poder de la Palabra de Dios. Algo parecido ocurría conmigo, me dedicaba al estudio con el deseo ardiente de que Dios me usara para avivar y transformar los corazones de los que asistían a la iglesia. Sabía que si eso iba a suceder, mis sermones y estudios bíblicos tendrían que estar llenos del poder de Dios. Y

Dios recompensó todo ese esfuerzo, tal como dice Hechos 2:47: *"y el Señor añadía cada día a la iglesia los que habían de ser salvos"*.

Ese verano de 1961, varios niños se entregaron a Cristo y algunos adultos aceptaron al Salvador. Gente del barrio que nunca había ido a la iglesia comenzó a llenar las bancas de la casa de Dios. Domingos en la mañana, domingos en la tarde y, por supuesto, los miércoles a la hora del culto de oración la gente del barrio y la comunidad comenzaron a asistir para oír la Palabra de Dios.

Dios nos trajo maestros para ayudar a Carolina, ya que con tantos chicos de distintas edades tuvo que separarlos —cada grupo con su maestra—, no solo los miércoles, sino también en la Escuela Dominical. Igualmente Dios nos proveyó maestros de la Biblia para levantar buenas clases para los adultos.

Los domingos llegaron a ser días de celebración. Llegó a ayudarnos uno de los mejores directores corales de la ciudad y formó un coro formidable. La iglesia se llenó de música con gente que celebraba con gratitud la grandeza de Dios. La Santa Palabra de Dios se hizo presente en los cultos; la exposición de la Biblia se convirtió en la parte más atractiva de los servicios. De cuarenta miembros, en cuatro años, llegamos a tener cuatrocientos. Muchos jóvenes salieron para asistir a seminarios y prepararse para servir a Dios. Creyentes que por años habían vivido sin mucho sentido, ahora se avivaron para servir a Dios en la comunidad. Para Carolina y para mí esos cuatro años —de 1961 a 1965— fueron inolvidables, alegres, ricamente bendecidos por Dios.

Y, Carlos, aprendí una lección valiosísima: no es lo que yo quiera hacer lo que importa, lo valioso es oír la voz de Dios y dejar que el amor de Él sea derramado en nuestros corazones por el Espíritu Santo. Cuando cumplimos con su gloriosa voluntad vemos el fluir de ricas bendiciones.

Espero que estés disfrutando de bendiciones semejantes en tu ministerio. No dejes de escribirme.

Fraternalmente en Cristo,

Les Thompson

CARTA 10
Recursos indispensables

Estimadísimo Carlos:

ME SORPRENDIÓ RECIBIR RESPUESTA TUYA TAN RÁPIDA. Me pides que te cuente los comentarios y ayudas que uso. Me imagino que estás luchando con el significado de algún texto bíblico y buscas las mejores fuentes para hallar respuesta.

Tu pregunta me recordó la larga lucha que tuvo Martín Lutero con un texto al iniciarse como profesor de la Sagrada Escritura en la Universidad de Wittenberg. Lutero decidió comenzar sus clases enseñando el libro de Romanos. En el primer capítulo, al llegar a los versículos 16 y 17, se quedó perplejo porque no entendía su significado (*"No me avergüenzo del evangelio, pues es poder de Dios para salvación ... porque en el evangelio la justicia de Dios se revela por fe y para fe, como está escrito: Mas el justo por la fe vivirá"*). Lutero se preguntaba, cómo pudo Pablo emplear la palabra "justo" en combinación con el vocablo "evangelio".

Arrastraba desde sus días en el seminario, la costumbre de asociar "justicia" con los temibles juicios de Dios y las muchas confesiones y obras que el pecador tenía que hacer para encontrar perdón. Con tal interpretación, ¿cómo le era posible al apóstol hablar de justicia (castigos) y de evangelio (buenas nuevas) en la misma frase? Pensándolo, estudiándolo, revisando lo escrito por los Padres de la Iglesia y lo enseñado por San Agustín, al fin le llegó la luz: ¡Las buenas nuevas son que Jesucristo sufrió en la cruz todos los castigos que nos correspondían a nosotros, por tanto, al creer en Él somos salvados de los terribles juicios que merecemos!

Date cuenta, Carlos, que la aclaración del significado de una sola palabra resultó en la Reforma Protestante del siglo dieciséis. De ahí nos alcanzó también a los que nos llamamos "evangélicos". ¡Cuán importante, entonces, es hacer todo lo posible para comprender el significado de cada palabra cuando predicamos sobre un pasaje de la Biblia! Cuando nos percatamos de eso es que entendemos lo indispensable que es tener buenas herramientas para el estudio de la Biblia.

Qué privilegio tengo al ser bilingüe: predico en español, pero estudio en inglés. No hay idioma en el mundo que tenga más herramientas bíblicas que el inglés. Eso quiere decir que tengo a mi alcance todas las herramientas básicas que me ayudan a estudiar la Biblia. Por ejemplo, tengo dos bibliotecas (una en mi casa y otra en mi oficina), cada una con cientos de libros con recursos bíblicos. Además, presionando unos botones en mi computadora, puedo buscar cualquier tema, palabra o texto que me interese. Y si esas respuestas no me satisfacen, puedo ver en la pantalla los títulos y contenidos de comentarios que respondan a mi inquietud, y allí mismo pedirlos y, a los tres o cuatro días, tenerlos en mis manos.

Pero no te pongas celoso. Alégrate porque, en cuanto a ayudas bíblicas, en segundo lugar están los materiales en español. En otras palabras, la mayoría de las herramientas que necesitas están a tu alcance. La pena es que en toda América Latina son muy difíciles de encontrar; parece que en las librerías cristianas piensan que los últimos discos de los cantantes de alabanzas dan más utilidad que los comentarios y libros de referencia bíblica. Esto hace creer que no hay muchas ayudas para pastores en español. ¡Qué lástima!

El hecho de que los pastores y maestros necesiten ayudas confiables y con sólido contenido bíblico nos ha preocupado mucho en LOGOI. Así que hemos buscado la manera de proveer materiales de todo tipo. Los pastores y maestros bíblicos solo tienen que buscar en la web nuestra página www.logoi.org para beneficiarse de nuestra excelente biblioteca, que contiene artículos y libros para estudios doctrinales, teológicos; variadas fases del trabajo pastoral, material para mujeres, para jóvenes, maestros de escuela dominical, etc. Necesito aclarar que para materiales que no son nuestros —es decir, que hemos tenido que comprar de editoriales u otras fuentes— tenemos que cobrar, ya que ellos demandan los derechos de autor. Pero si se comparan los costos, se verá que estos cobros son menores que los que se tendrían que pagar en las librerías. El beneficio es que tienen a su disposición todos estos excelentes materiales.

Adicionalmente, nuestra página web no solo contiene una gran cantidad de ayudas para venta o consulta, sino que ofrece un tipo de "facebook" para que pastores y amigos se puedan comunicar entre sí virtualmente, no importa donde vivan. Los interesados pueden ir al índice de pastores inscritos y escoger allí a quien quieran escribir para intercambiar ideas o hacer consultas. ¡Y todo eso es gratis! Solo se cobran los libros y algunos artículos.

El que se hace socio también encontrará un sitio donde puede abrir su propia oficina (un lugar donde puede trabajar), a la vez que tiene a su disposición toda la vasta información de la biblioteca de LOGOI.org. Allí, en su "nueva oficina", podrá escribir, preparar sermones, crear estudios o artículos y enviar correos electrónicos a quien quiera. Todo ese trabajo lo guarda en "gavetas" electrónicas que nadie puede ni ver ni abrir, ni tocar. A la vez cuentan con un "facebook" especial donde pueden colocar fotos, artículos personales que quieran que otros vean, e información que pueda interesar al público en general. Y una cosa más, esta nueva página proveerá un servicio de traducción automática por la cual el inscrito podrá escribir a amigos que hablen otros idiomas, por ejemplo, escribir a amigos en los Estados Unidos en español y ellos automáticamente lo recibirán traducido al inglés.

Algo muy importante, en logoi.org no colocamos "basura", al contrario, nuestros materiales, libros y ayudas son cuidadosamente seleccionados y centrados en la Biblia. Queremos que nuestro material se apegue a las creencias de nuestra larga tradición histórica evangélica. Repito, mucho del material es gratis, pero como cuesta tanto mantener y constantemente nutrir nuestra página, creemos que los usuarios nos querrán ayudar pagando un poquito por los materiales que compran.

Por cierto, para aprovechar toda esta información muchos pastores y líderes tendrán que aprender cómo usar una computadora, pero estoy seguro de que eso les será mucho más fácil que aprender inglés.

Te he dado toda esta información, Carlos, para que puedas aprovechar todas estas ayudas que estamos proveyendo a pastores, ministros y líderes. Si tienes alguna pregunta o sugerencia para servirte mejor con nuestra página web, escríbeme. Espero tu carta. Dios te bendiga mucho.

Abrazos,

Les Thompson

Mi nieto, David Thompson

CARTA 11
Cómo combatir el desánimo

Caro amigo Carlos:

ME PREGUNTAS en tu pasada misiva "¿cómo vencer esos momentos de desánimo y temor que acechan en el ministerio?" Te aseguro, Carlos, que en cierto sentido son para nuestro beneficio, aunque en otro pueden ser usados por el diablo para perjudicar en gran manera nuestro ministerio.

¿Te acuerdas de las aventuras de Pinocho? ¿Recuerdas a Pepe Grillo, que se posaba en su hombro y le acosaba cada vez que procuraba hacer una travesura? Para decirlo en términos de aquella aventura, nosotros también necesitamos a un "Pepe Grillo" que nos diga lo dañino que son el desánimo y el temor. Cualquiera de los dos puede ser fatal para nuestro llamado y ministerio. Como veremos, Timoteo tiene que haberle agradecido mucho a San Pablo por servirle de Pepe Grillo.

Mi hijo Eduardo me contó acerca de un momento de desánimo y temor que sufrió David (el nieto que juega béisbol). Resulta que fue invitado a jugar con un nuevo equipo de béisbol que usaba bates de madera en vez de los bates de aluminio a que estaba acostumbrado. El cambio era tan grande que le parecía como que tenía que aprender a batear de nuevo. Cada vez que le tocaba batear, se ponchaba. Así que comenzó a dudar de su talento deportivo; empezó a temer que nadie se fijara en él. Llegó al punto en que tuvo ganas de dejar de jugar.

Al ver la frustración de David, mi hijo susurró una petición a Dios pidiendo que le diera una respuesta para ayudar a su pequeño. Así, orando, se acordó de 2 Timoteo 1:7 que dice: *"No nos ha dado Dios espíritu de cobardía, sino de poder, de amor y de dominio propio".*

—¿De dónde viene el temor? —le preguntó mi hijo a David.

—Me imagino que del diablo —contestó.

—No, hijo, los sentimientos son parte de nuestra naturaleza humana —y siguió explicándole—. El temor, la cobardía, el amor, el odio, la envidia, el dolor, la pereza, las lágrimas, la risa, el gozo todos son parte de la naturaleza con que fuimos creados. Estos sentimientos no provienen del diablo, son propios de lo que somos como personas. Por ejemplo, si voy por un bosque en medio de la oscuridad y oigo el rugir de un león, me lleno de temor, tiemblo y me pongo a correr. Dios me dio ese instinto como medio para protegerme del peligro. Es parecido a cuando me enamoré de tu mamá, ese sentimiento de amor era innato, mío, parte de mi propia naturaleza. Cuando me cuentan un buen chiste y reacciono con carcajadas, esa risa es mía. Dios me hizo con todas esas capacidades. Algo me faltaría si al enfrentarme con un ladrón apuntándome con su pistola no sintiera temor ni algo de cobardía. Nuestros sentimientos no vienen del diablo, vienen de Dios. Él nos los dio cuando nos hizo seres humanos.

—Y este sentimiento de incapacidad que siento, ¿no vendrá del diablo? —insistió David.

—Es posible —le explicó mi hijo—, Satanás puede aprovecharse de cualquiera de nuestros sentimientos y abanicarlos, como lo que hacemos para que se encienda un fuego. Te ve mirando a una chica y comienza a abanicar tu hombría para hacerte apetecerla. Esa es la manera en que obra. Comienza con lo que está en ti, en tu naturaleza, para que en vez de llevarte a hacer lo bueno, hagas lo malo. Posiblemente eso es lo que te pasa ahora, Satanás ha visto tu desánimo y tu temor, y está abanicando esas áreas de tu naturaleza para que dejes de confiar en Dios. Por eso lo que Pablo le dijo a Timoteo es lo que necesitas escuchar: *"No nos ha dado Dios espíritu de cobardía, sino de poder, de amor y de dominio propio".* Lo que debemos ver no es aquello que nos da miedo y desconfianza; al contrario, tenemos que confiar en Dios que está a nuestro lado. No dejes que tus fracasos te llenen de cobardía. Eres hijo de Dios, tus talentos te los dio Dios. Ahora afiánzate en ese espíritu de poder, amor y dominio propio que Dios te ha dado.

Luego de la conversación con su padre, en el próximo juego David tomó su bate de madera, se paró en el plato y, cuando vino el lanzamiento, pegó un jonrón. Ahora tallado en su bate está "2 Timoteo 1:7".

El desánimo y el temor nos vencen cuando olvidamos quiénes somos y quién está a nuestro lado. Por ejemplo, cuando voy por el bosque y siento el temible rugir de un león, no estoy solo. ¡Dios está a mi lado! Él me quita el espíritu de cobardía y me da poder, amor y dominio propio. Cuando el ladrón me apunta con su revólver, no estoy solo. ¡Dios está a mi lado! Él me quita el espíritu de cobardía y me da poder, amor y dominio propio.

Quizás el mejor ejemplo bíblico de esta verdad la encontremos en la historia de Sadrac, Mesac y Abed-nego (Daniel 3:12-27). Se les acusó de desobedecer la orden que dio Nabucodonosor de adorar a su estatua de oro. Ponte tú, Carlos, en la situación de que te lleven ante un rey furioso. ¿No crees que sentirías pánico y miedo al oír a Nabucodonosor decir: "Si no se postran y adoran la estatua que he hecho inmediatamente serán echados en el horno de fuego ardiente"?

Sin embargo, creo que Nabucodonosor cometió un gran error al decirles a Sadrac, Mesac y Abed-nego: *"No hay dios que les libre de mis manos".*

Inmediatamente los ánimos de Sadrac, Mesac y Abed-nego fueron restaurados. Había un Dios que los podía salvar y que estaba a su lado. Esa realidad les quitó la cobardía y les dio el poder para decir: *"Nuestro Dios, a quien servimos, puede librarnos del horno de fuego y de tu mano, oh rey. Pero de todos modos, si no lo hace, de ninguna manera serviremos a tus dioses ni adoraremos a la estatua de oro".*

¿Cuáles han de haber sido sus ánimos al ser atados y arrastrados al horno calentado siete veces más de lo que se solía calentar? ¿Tuvieron miedo? ¿Temblaron? Me imagino que sí, ¡eran humanos! Pero a pesar de su temor natural, confiaron en su omnipotente Dios.

Imagínate ahora el espanto de Nabucodonosor al ver que sus tres víctimas no se convirtieron en cenizas, sino que una cuarta persona apareció a su lado. Nos dice la Biblia que exclamó (v. 24): *"¿No eran tres los hombres que echamos atados en medio del fuego? Veo a cuatro hombres sueltos que se pasean en medio del fuego sin sufrir daño alguno, y el aspecto del cuarto es semejante al de un hijo de los dioses".*

Precisamente, Carlos, eso es lo que Pablo le asegura a Timoteo: hay una Persona —el mismo Hijo de Dios— que se pasea en medio de nosotros, no importa el horno de fuego en que nos encontremos. Él es el que levanta nuestros ánimos, nos quita el miedo y nos llena de su poder, amor y de dominio propio para seguir adelante.

Así que cuando te sientas solo, sin confianza y no encuentres ánimo, fuerza, voluntad para leer otro texto de la Biblia, para predicar otro sermón, para desenredar otro problema hogareño, ni para aconsejar a otra pareja, acuérdate de lo que eres y Quién es el que está a tu lado. ¡Levántate! No pongas tu confianza en ti mismo ni en tus propias fuerzas, sino en la verdad de que *Dios no nos ha dado espíritu de cobardía, sino de poder, de amor y de dominio propio.*

Qué gusto es hablar de estas cosas contigo para poder regocijarnos en todo lo que Dios ha hecho a nuestro favor. Sigue con tus preguntas. No dejes de escribirme, que Dios te siga bendiciendo grandemente.

Un abrazo caluroso,

Les Thompson

CARTA 12
Pruebas que profundizan la fe

Mi dilecto amigo:

TU MISIVA, Carlos, pidiendo que te cuente algunas experiencias que han profundizado mi fe, trajo a mi mente cosas que en realidad preferiría olvidar. Creo que las experiencias dolorosas son las que más usa Dios para acercarnos a Él. Por eso es que el dolor es una de esas cosas que no nos gusta tratar. Como humanos hacemos todo lo posible por evitarlo.

Recuerda a Moisés cuando mató al egipcio; a David cuando miró a Betsabé desde la ventana de su casa; a Isaías cuando tuvo aquella gloriosa visión de la santidad de Dios que le dejó ver la enormidad de su propia pecaminosidad; a Pedro cuando luego de negar a Jesús tres veces oyó cantar al gallo recordándole lo dicho por el Señor. Por vergonzosas y duras que fueron tales experiencias, Dios las usó para transformar las vidas de esos grandes héroes de la fe. Como bien se ha dicho: "Dios nunca malgasta nuestro dolor".

Leí una nota en Internet de un tal Marcos de la Cruz, que escribió el 10 de diciembre de 2009. Decía así: "Doy gracias a Dios por mis tribulaciones, dolores, rechazos, heridas, temores, pérdidas y pruebas. No sé cómo decirlo, pero en esta hora oscura con mi corazón despedazado, quiero dar gracias a Dios porque sé que está a mi lado y que Jesús es real. ¿Cómo podría pasar por esta prueba sin confiar en Él? Como Pablo, quiero gloriarme en mis tribulaciones y en mis dolores porque mi esperanza está en Cristo, que me acompaña. Sé que no estoy solo..."

Cuando miro a mi derredor, Carlos, pienso que son incontables las personas que pudieran haber escrito lo mismo. El dolor es parte de la vida. Todos sufrimos. Lo que tenemos que aprender es que "Dios nunca malgasta nuestro dolor", que Él maravillosamente lo emplea para enseñarnos la grandeza de su Persona y la desesperada necesidad que tenemos de Él.

Permíteme contarte la experiencia más amarga de mi vida. A la edad de veintisiete años —cuatro antes de comenzar mi ministerio en Cuba— me tocó literalmente pasar por lo que el salmista llamó el valle de sombra de muerte. Mi esposa María y yo, con nuestros dos hijos, habíamos tomado un año de permiso de nuestro trabajo en Cuba; yo para hacer estudios avanzados en la Western Washington University, y ella para visitar a sus padres a fin de que conocieran a sus dos nietecitos. Pasamos nueve meses muy provechosos y felices. Fue el décimo el que nos trajo la agonía y el dolor.

Fue al final de mayo. María comenzó a sentirse mal, estaba encinta, a un mes de dar a luz. La llevé a un examen médico. El doctor indicó que todo estaba normal, que lo que sentía María era de esperarse al acercarse el parto. Confiados regresamos a casa. Una semana más tarde, un martes, cuando yo estaba en medio de un examen de psicología en la universidad, me llegó un mensaje urgente: "Regresa a casa inmediatamente. María está muy enferma". Salí sin terminar el examen y corrí a la casa de mis suegros. Encontré a María tan débil que no tenía fuerzas para levantarse. La tomé en mis brazos y la llevé al auto, pidiendo a mi preocupada suegra que por favor llamara al médico para avisarle la emergencia. Cuando llegamos a su oficina, él salió y, dándole una mirada a mi esposa, me dijo: "¡Corre al hospital; llegaré en unos momentos!"

María estuvo mal hasta el domingo. Mi suegro y yo habíamos pasado esa tarde en el hospital con ella (mi suegra estaba en la casa cuidando a mis dos hijos). María, alerta y en apariencias mejor, preguntaba por sus hijos y hablaba de nuestro pronto regreso a Cuba. Como a las seis de la tarde pidió que llamásemos a una enfermera, que se sentía incómoda. Mi suegro y yo aprovechamos esa interrupción para bajar al comedor del hospital a tomar un café. Casi media hora más tarde, levantándonos para regresar al cuarto de María, fuimos detenidos por el doctor Harrison, pastor de nuestra iglesia. Al mirar su rostro supe que algo terrible había sucedido. Él puso un brazo alrededor de mis hombros y nos dijo: "María sufrió un ataque al corazón. Está con Cristo. Están tratando de salvarle la vida al bebé". (Los oficiales del hospital tuvieron la cortesía de llamar a nuestro pastor para que fuera él quien nos diera la dolorosa noticia.)

Ese día perdí a la que había sido el amor de mi vida, la talentosa mujer que había cautivado mi corazón mi último año de secundaria, la que amorosamente me había seguido a Cuba, la madre de mis hijos, la que con tanta fidelidad, sacrificio y amor me ayudó en cada paso de mi ministerio en Cuba.

¿Cómo describir el terrible dolor de perder lo que uno más ama? ¿Cómo se describe esa impotencia que uno siente al no poder hacer nada? Es un amor tan cercano y tan querido, pero en un instante ¡se pierde irremediablemente!

Por supuesto, como cristiano uno repite la promesa de que *"sabemos que a los que aman a Dios, todas las cosas les ayudan a bien"* (Romanos 8:28), pero ahogándose en un océano de lágrimas, dolor y agonía tales palabras suenan irreales y sin sentido. ¿Dónde estaba Dios? ¿Por qué no salvó la vida de María? ¿Y qué de todas las oraciones no contestadas pidiendo sanidad en el nombre de Jesús? ¿Qué bien probable puede venir a cuenta de ese valle de sombra y de muerte?

En toda esa niebla de confusión y dolor empecé a ver una claridad: reconocí un amor mucho más grande que el que puede tener un hombre por su mujer. A veces no lo reconocemos porque nuestras vidas están muy llenas de otros amores. Como decía San Agustín: "Dios quiere darnos algo, pero no puede, porque nuestras manos están llenas; no hay espacio donde lo pueda poner".

Hasta ese momento en que murió María no estuve consciente de esas otras necesidades tan grandes que tenía. Mi vida estaba plena con mi esposa, mis hijos, mi llamado y mi ministerio. Para citar a C.S. Lewis: "Pensaba en Dios como un aviador piensa respecto a su paracaídas; está ahí pegado a sus espaldas para cualquier emergencia, esperando que nunca lo tenga que usar". En aquella emergencia mi "paracaídas" se abrió para encontrarme totalmente protegido en los brazos de Dios, al que realmente no conocía muy bien. A pesar de mis faltas, Él me dio una gran calma. Una paz inexplicable comenzó a apoderarse de mí. Sin respuestas para todos mis por qué entendí que lo sucedido era la buena voluntad de Dios, que verdaderamente me amaba.

Desde aquella noche en que perdí a mi esposa han pasado muchos años. Fue la noche en que también gané otro hijo, a Gregorio. Ya, con la luz que nos da el tiempo, puedo decir confiadamente: *"Sabemos que a los que aman a Dios todas las cosas les ayudan a bien, esto es, a los que conforme a su propósito son llamados".*

"Ese día", como me dijo un amigo que me conocía bien, "te hiciste hombre". Es decir, me vino la madurez, la seriedad, el entendimiento de que la vida es insegura y que es mucho más que un lindo juego. Como indican la palabras que siguen al texto de Romanos 8:28, aprendí que Dios tenía un perfecto plan para mi vida y que todas las cosas que permitió que me sucedieran tuvieron el propósito de que llegara a ser "hecho conforme a la imagen de su Hijo".

Carlos, te confieso que ese día en que crucé el valle de sombra y de muerte comencé a apreciar mucho más lo que Cristo sufrió para darme vida eterna. Mi amor por Dios se hizo más fuerte y, debo añadir, por primera vez tuve anhelo del cielo porque ¡allí estaba María! Así que con Marcos de la Cruz, que cité al principio de esta carta, "Doy gracias a Dios por mis tribulaciones, dolores, rechazos, heridas, temores, pérdidas y pruebas..." Todo ello ha ayudado para conformarme más y más a Cristo.

Como siempre, si hay alguna cosa que quieras aclarar en cuanto a lo que te he dicho en esta carta, escríbeme. Siempre me encanta recibir noticias tuyas.

Un fuerte abrazo,

Les Thompson

CARTA 13
Listos para lo inesperado

Estimado Carlos:

RACIAS POR TUS PALABRAS DE APRECIO. Te aseguro que son correspondidas. Espero que todo te vaya bien en tu iglesia y que cada día estés probando la maravillosa ayuda y presencia del Señor. En tu carta me preguntas por qué salí de Cuba y me mudé a Costa Rica. Con gusto te lo explicaré. ¿Recuerdas lo que dijo Salomón: *"No te jactes del día de mañana, porque no sabes lo que el día traerá"* (Proverbios 27:1)? Todos tenemos que estar preparados para los cambios inesperados.

Como te acordarás, después de la muerte de María regresé a Cuba con mis hijos y vivimos con mi hermano Allen en Los Pinos. La Cuba que dejé en 1959 ya no era la misma. Fidel Castro había tomado el poder, y una de las primeras cosas que hizo fue crear mucha hostilidad antiyanqui. Esa propagada negativa me hizo sentir muy incómodo e inseguro. En mis programas radiales diarios procuré advertir a los oyentes que el camino de Dios era uno de amor, nunca de odio.

Las cosas que decía en mi programa no les agradaban a algunos líderes evangélicos, especialmente a aquellos que fanáticamente creían en los cambios producidos por el nuevo gobierno. Un sábado en la tarde, a fines de junio de 1960, varios de ellos —todos líderes evangélicos y amigos míos— me visitaron. Al confirmar mis sentimientos antisocialistas, me dieron una semana para salir del país, prometiendo que si no lo hacía me denunciarían públicamente como enemigo de la patria.

Imagínate las consecuencias de tal tipo de denuncia. A diario morían en el "paredón" cantidades de personas acusadas de ser "enemigos de la patria" sin que se les aplicara el *hábeas corpus* (los derechos a un juicio legal). De ninguna manera quería yo ser otro nombre de esa lista. Aunque no tenía idea de dónde ir ni de cómo arreglar todas mis cosas, comencé de inmediato a empacar mis valijas.

El domingo siguiente lo pasé con mi hermano, mi cuñada y un amigo, todos tratando de hallarle sentido a lo que tan inesperadamente me había ocurrido. Reconociendo el peligro en que me encontraba, insistieron en que tenía que salir del país lo antes posible. Pero, ¿adónde iba a ir? Mi hermano y mi cuñada me aseguraron que no tenía que preocuparme por mis hijos, ellos los cuidarían.

El lunes, sorpresivamente, supe a dónde iría. Unos conocidos míos en Costa Rica, sin saber nada de lo que ocurría, me llamaron pidiendo que por favor les visitara. En la llamada me contaron que querían hablar conmigo acerca de mi disponibilidad para dirigir una empresa internacional llamada LEAL (Literatura Evangélica para América Latina). Al instante reconocí la mano providencial de Dios y prometí estar con ellos el siguiente viernes.

Martes, miércoles y jueves los reservé para pasarlos con mis hijos (el mayor tenía solo cuatro años) y tratar de explicarles por qué papá tenía que irse de viaje.

Con solo una fría maleta de acompañante llegué a Costa Rica, el país en el que me refugiaría por cuatro años. Una tarde, poco después de haber llegado, caminé a la Plaza Central de San José y me senté en una banca. Allí me puse fríamente a considerar mi suerte. Ahí estaba, en un país desconocido, mi esposa muerta, yo desterrado, mis hijos a 1,466 kilómetros de distancia, viviendo en un dormitorio pequeño del Seminario Bíblico Latinoamericano, sin baño privado, y comiendo la aburrida comida de los seminaristas. Es interesante ver que, en lugar de llorar, me eché a reír. ¡Estaba vivo! ¿Qué más quería? Tenía techo, cama, comida y trabajo. Dios en su buena voluntad me había traído a esta nueva patria. Él tendría sus razones, las que poco a poco llegaría a comprender.

Ahora tenía una sola tarea: aprender todo lo relacionado con mi nuevo empleo.

Me tocó trabajar para una asociación de setenta y nueve organizaciones (iglesias, misiones, asociaciones eclesiásticas, denominaciones históricas) todas interesadas en la preparación y distribución de buena literatura evangélica. El promotor de esta nueva empresa, Virgilio Gerber, había renunciado y me encontraron a mí para reemplazarlo. Los fines perseguidos por la organización eran adelantar, por medio de la literatura cristiana, la causa de Jesucristo desde México a Argentina. LEAL (Literatura Evangélica para América Latina) era lo que definía mi tarea. Mi objetivo específico era coordinar los esfuerzos literarios de esas organizaciones para evitar que se duplicaran y ayudarles a producir y distribuir los mejores productos posibles.

Lo urgente para mí era aprender todo lo que pudiera acerca de la literatura cristiana para poder aconsejar a esas setenta y nueve organizaciones. En aquel momento, Carlos, tenía aproximadamente tu edad y más o menos los mismos conocimientos. Imagínate tener que responder a preguntas como las siguientes: ¿Cómo se establece una editorial? ¿Cómo se producen e imprimen los libros? ¿Cómo se diseña una revista? ¿Cómo se inicia una librería? ¿Cómo se preparan los escritores? Debido a la desesperada necesidad que tenía de salir de Cuba, acepté un cargo para el cual no estaba preparado; algo que encajaba a la perfección con el proverbial dicho que habla de meterse en camisa de once varas.

El hecho de que había estudiado periodismo me dio más o menos una base para comenzar, aunque de las otras aplicaciones de la literatura no sabía nada. Gracias a Dios se ofreció a ayudarme el doctor Dayton Roberts, un misionero que vivía en San José. Él había sido periodista del *New York Times* y tenía una magnífica biblioteca con textos sobre mucho de lo que tenía que ver con la producción de literatura. Al ponerme a estudiar esos temas, él se convirtió en mi mentor y guía.

En el plan de trabajo que hice, aparté cuatro meses para prepararme, luego de lo cual comenzaría a visitar a los centros de las setenta y nueve organizaciones miembros, pasara lo que pasara.

Imagínate cómo oré y cómo le pedí ayuda al Señor para enfrentar la tarea imposible que me desafiaba. Sin distracciones pude dedicarme a estudiar y aprender lo esencial para mi nueva labor. Desde el momento de despertarme hasta el de acostarme lo dediqué a mi preparación. No me dio tiempo para agonizar por la pérdida de mi esposa, la distancia que me separaba de mis hijos, de mi patria tan querida, ni por todo mi pasado. Gracias a Dios, no me dio tiempo para regodearme en la autocompasión. Llegué a comprender por qué, en la providencia de Dios, estaba solo y sin distracciones. Calculo que en esos cuatro meses hice un programa de estudio personal equivalente a varios años de universidad. Y, al llegar el cuarto mes, me sentí lo suficientemente confiado para viajar y ofrecer ayuda y consejo a las asociaciones miembros de LEAL.

Serví a LEAL por cuatro años. Tuve el gozo de ver iniciarse a algunas editoriales, ver mejorar a otras, fundarse revistas, prepararse escritores y a más de doscientas librerías cristianas establecerse. A través de los medios de comunicación que constituimos entre las organizaciones y editoriales evitamos la innecesaria duplicación de esfuerzo. En México, por ejemplo, sabían lo que se hacía en Chile y Argentina. Sobre todo, en los años entre 1960 y 1964, me dio la gran satisfacción de conocer al liderazgo de la iglesia evangélica del continente. ¡Qué buenos y fieles siervos nos dio Dios para aquellos tiempos!

Lo más lindo, Carlos, fue que por las experiencias y relaciones con líderes y pastores durante esos cuatro años Dios me permitió descubrir algunas de las grandes necesidades y limitaciones de la iglesia evangélica. No solo eso, a mediados de ese período, en 1962, Dios me regaló una nueva esposa y pudimos restablecer nuestro hogar (con casa de tres dormitorios, baño propio y una cocinera que preparaba los platos más deliciosos del mundo). Pero eso es para otra historia.

Lo interesante del trabajo de esos cuatro años fue que Dios abrió mis ojos para que viera la gran necesidad de los pastores en todo el continente. Había tan pocos seminarios, tan pocos libros, tan pocas ayudas para pastores. Algo se tenía que hacer para ayudarlos. Fue esa carga la que me llevó a renunciar a LEAL y mudarme a Miami para comenzar el ministerio de LOGOI.

Ahora, con esa retrovisión que conseguimos al llegar a ser ancianos, puedo reconocer la amorosa mano de Dios supervisando todo aquel camino que me llevó de Cuba a Costa Rica y luego a Miami. Es cierto que no sabemos lo que el día traerá (Proverbios 27:1), pero conocemos a Aquel que controla cada día. Es interesante ver que el Dios que sacó a Abraham de Ur de los caldeos y llevó a su pueblo paso a paso a la tierra prometida, es el mismo que me llevó a mí de Cuba a Costa Rica y a Miami. Estamos en sus manos, Carlos, somos muy queridos por Dios. Lo que dijo Moisés en su canto al final de su vida lo puedo decir yo también (Deuteronomio 32:10):

Me halló en tierra de desierto,
Y en yermo de horrible soledad;
Me trajo alrededor, me instruyó,
Me guardó como a la niña de su ojo.

Permite que Dios use los cambios que te afectarán y que seguramente te sorprenderán, para llevarte a cumplir todo lo que tiene planificado para tu vida y tu ministerio desde antes de la fundación del mundo. Así que cuéntame cómo van las cosas y el progreso espiritual que ves en tu iglesia. Espero tu carta.

Abrazos,

Les Thompson

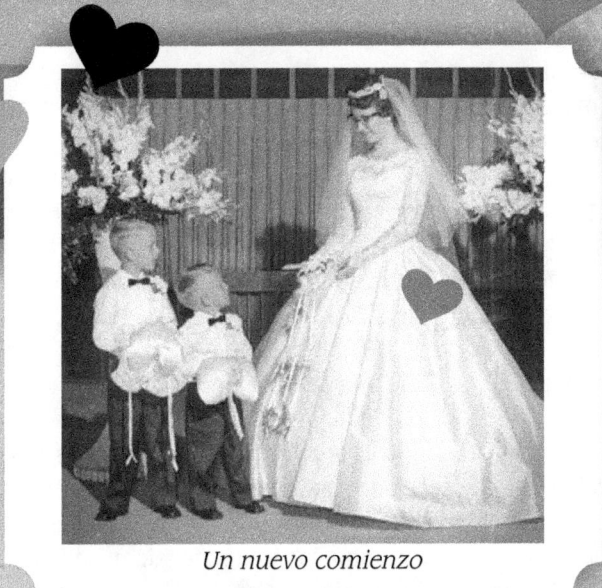

Un nuevo comienzo

CARTA 14
El amor devuelto

Hola Carlos:

E GUSTÓ MUCHO la frase de tu carta en la que me preguntas acerca de "el amor repuesto". Conoces a Carolina, por lo que estoy seguro de que sabes cuánto la amo. Cuando Dios —en su rica misericordia— me dio a Carolina, no solo me devolvió el amor perdido, sino que lo elevó a la máxima expresión en una manera sumamente hermosa. Te cuento algunos detalles.

Como sabes, llegué de Cuba a Costa Rica solo y, debido al nuevo trabajo, tuve que prepararme para servir a las setenta y nueve organizaciones miembros de LEAL. No fue sino hasta que comencé a viajar que me aturdieron esas olas terribles de soledad. Durante el día no tenía problemas, ya que estaba ocupado ayudando a los líderes de las organizaciones que visitaba. Los ataques de soledad me sobrecogían por las noches, particularmente cuando me hospedaba en hoteles. No encontraba nada que me entretuviera, por lo que me era imposible llenar el vacío de mi mente y el de mi corazón. (Recuerda que en aquellos años sesenta del siglo pasado no había televisores en los hoteles; la televisión en blanco y negro apenas comenzaba a instalarse en las principales ciudades.)

Así que, cuando me acostaba, las imágenes de mis hijitos invadían mis pensamientos. Meditaba en la salud de Gregorio, que era el más chiquito y el que había nacido muy frágil debido a todos los medicamentos que ingirió su madre. Pensaba en Danielito, que a los dos años era tan preguntón, y me cuestionaba ¿quién estaría contestándole pacientemente? Reflexionaba en Kenneth, ya casi de cuatro años, el mayor, que siempre quería estar a mi lado para ayudarme en todo lo que hiciera. Y también pensaba en mi hermano Allen y su esposa, ¿cómo les iría con todas esas responsabilidades? ¿Empeorarían las cosas en Cuba? Te aseguro, Carlos, que pensamientos como estos no solo me robaban el sueño, alimentaban mis sentimientos de soledad.

Al fin, a los cinco meses de haber salido de Cuba, pude conseguir un permiso especial para regresar a la isla a verlos. Cuando me entregaron la visa en el consulado, me informaron que al regresar a Cuba no podía hablar por radio ni comunicarme con ningún pastor, solo podía estar con mis hijos.

¡Qué semana más inolvidable! Disfruté de aquellos abrazos, besos y cariños de mis pequeñuelos, especialmente los de los dos mayores. Pude ver, también, el gran cariño y amor con que mi hermano y su esposa los cuidaban. Gregorio, creo, no estaba muy seguro de quién era ese señor que tanto lo quería abrazar. Los otros dos estaban de fiesta, estáticos, y yo lamentando el día cuando nuevamente tendría que dejarlos.

Un día le pedí prestado el auto a mi hermano y llevé a Kenneth, el mayor, a pasear. Muy contento Kenneth se me puso al lado, se paró en el asiento y me abrazó. "Papi", me dijo, "¿No crees que Jesús ya ha tenido a mamá suficiente tiempo? Pídele que, por favor, la regrese para que podamos estar juntos e ir a Costa Rica contigo". (Cuando María murió les había dicho a mis hijos que Cristo la quería tanto que se la había llevado para que estuviera con Él.)

Ese pedido de Kenneth estrujó mi corazón. Aquello era contrario a la convicción a la que había llegado, que Dios se llevó a María a su presencia para que yo pudiera servirle sin impedimento alguno. Muchas veces concilié la idea de que sería viudo el resto de mi vida, tomando muy en serio las palabras de Lucas 14:26 (NVI): *"Si alguno viene a mí y no sacrifica el amor a su padre y a su madre, a su esposa y a sus hijos, a sus hermanos y a sus hermanas, y aun a su propia vida, no puede ser mi discípulo"*. Pero ahora los labios de mi hijo me mostraban otra realidad: ¡Ellos me necesitaban! ¡Yo era su padre! ¡Dios me los dio! ¡Necesitaba restablecer mi hogar!

¿Sería posible que Dios me hablara por los labios de mi hijo, así como dice el texto: *"En los labios de los pequeños y de los niños de pecho has puesto la perfecta alabanza"* (Mateo 21:16, NVI)? Esa noche, sintiendo el peso de tener que reconstruir mi hogar, me puse a orar. Le dije a Dios lo que sentía en mi corazón. Le pedí que si era su voluntad me diera esposa y madre para mis hijos.

Hay veces, Carlos, que Dios tarda en darnos su respuesta. Hay otras en que la recibimos de inmediato. Este fue mi caso. Mientras oraba, llegó a mi mente la chica de Bellingham, Washington: Carolina, hija del pastor de la iglesia donde mis suegros asistían, ¡la que tantas veces nos sirvió de niñera! Sorprendido por la idea, le dije a Dios: "¿Será posible?"

Al regresar a Costa Rica, de inmediato me puse a buscar la dirección de Carolina. Cuando la encontré, le escribí una carta exploratoria. (Luego me enteré de que, al recibirla, la echó en la basura.) Por fin, luego de varios intentos por correo (ya que estaba seguro de que ella era la respuesta de Dios a mis oraciones), hice un viaje a Chicago, donde ella estaba estudiando en el Instituto Moody. Este cubano, acostumbrado al intenso calor tropical, aquel mes de febrero de 1962 —el más frío del año— tuvo que recorrer las congeladas calles de Chicago tratando de derretir el frío corazón de Carolina.

Tuve que insistir mucho; tres jóvenes estaban tratando de enamorarla y yo, el cuarto, era viudo y con tres hijos. Solo por la misericordia de Dios podría ganar aquella contienda. Le regalé un disco que había grabado. Le di una foto de mis hijos. Oré, oré y oré, hasta que Dios obró. Por fin, ella me dijo: "¡Yo también te amo!" Así fue que a fines del mes de febrero nos hicimos novios. Fijamos la fecha para nuestro matrimonio para el 19 de agosto del mismo año (para mí eso era un milenio en el futuro).

Tuve que regresar a Costa Rica a cumplir mis responsabilidades con LEAL, así que el resto del noviazgo lo tuvimos que hacer por correo: yo visitando las oficinas de los miembros de LEAL por todo el continente y ella tratando de encontrarme por correo. Cinco meses más tarde, y solo diez días antes de la boda, nos volvimos a encontrar en vivo y en directo en Bellingham, Washington, donde vivían los padres de ella. Habiendo gastado mis pocos ahorros comprando el pasaje aéreo de San José a Bellingham, llegué con un sobrante de solo diez centavos. Por su parte, Carolina había ahorrado setenta dólares, de modo que cuando llegué y ella se dio cuenta de que no tenía traje para la boda, me lo compró.

¿Cómo es que dice la canción: "...con dinero o sin dinero..."? Sí, yo sin dinero me sentí como la persona más rica del mundo: ¡tenía el amor de mis sueños! Por supuesto, faltaba resolver el problema de nuestro regreso como familia a Costa Rica. ¿Cómo pagaría yo aquellos gastos? Puse mi confianza en el grandioso Dios que me dio a Carolina seguro de que Él haría otro milagro.

El 19 de agosto de 1962 vi bajar por el pasillo de la Northwestern Baptist Church en Bellingham, Washington, a esa hermosísima mujer que Dios me había concedido. (Éramos tan pobres que Carolina tuvo que pedirle prestado su traje de novia a mi cuñada.) Pero eso no importó, yo me sentí rico, no con dólares, sino con amor. En Carolina Dios me devolvió el amor que había perdido.

Misericordiosamente la mayoría de los regalos que recibimos fueron ofrendas para ayudarnos a regresar a Costa Rica. Ese mismo día de la boda llegó todo lo necesario. Dos semanas más tarde, mis tres hijos y yo, con Carolina —su nueva madre—, nos montamos en una camioneta vieja, pero útil, que conseguí para el viaje. Y para el deleite de mis hijos, como una luna de miel, Carolina y yo tomamos las carreteras que nos llevarían a nuestro nuevo hogar en San José, Costa Rica.

Aquel 19 de agosto de 1961, comenzó una aventura de gozo, fiesta, deleite, bienestar y satisfacción que ha durado hasta el día de hoy. Te aseguro, Carlos, que aunque la vida esté guarnecida de dolores, veremos —al excavar un poquito— un glorioso entretejido de hermosas y ricas flores.

Carolina y yo hemos llegado al cincuentenario del día en que nos entregamos uno al otro. Te digo con toda sinceridad que ahora la amo y aprecio más que el día en que nos casamos. ¿Qué más puedo decirte? Solo esto: Espero, Carlos, que nuestro ejemplo te inspire a recordar y apreciar el amor que Dios ha puesto en tu corazón para con tu esposa Carmen.

Hasta que Dios nos lleve a su presencia no podemos olvidar el mandato: *"Esposos, amen a sus esposas, así como Cristo amó a la iglesia y se entregó por ella"* (Efesios 5:25).

Espero tu carta. Siempre es un placer saber que en tu corazón tienes un lugarcito para este viejo canoso. Oro mucho por ti.

Abrazos, Les

CARTA 15
Maneras de disciplinar a los hijos

Mi invalorable Carlos:

EN TU CARTA ANTERIOR hablas de pleitos y guerras, especialmente entre padre e hijos. Subrayas la verdad de que en la casa de los cristianos debe haber "gozo, fiesta, deleite, bienestar y satisfacción", tal como te escribí, y preguntas: "¿Por qué tantos pleitos?" Creo, mi amigo, que muchos problemas vienen por la falta de disciplina.

Te cuento un incidente que tuvimos el verano de 1972 cuando, como familia, viajábamos por el sur de los Estados Unidos visitando iglesias y buscando ayuda para el programa de LOGOI. Era la época de las Olimpiadas y, horrorizados, oímos las noticias de la masacre de Múnich: cuando los terroristas del grupo Septiembre Negro asesinaron a once integrantes del equipo olímpico de Israel. En esos mismos días —un sábado por la tarde, recuerdo— llegamos a Atlanta, a casa de un pastor amigo donde nos hospedaría puesto que íbamos a promover el programa de misiones que daríamos en su iglesia ese domingo. El pastor —también ansioso de oír las últimas noticias de las Olimpiadas— nos sentó en la sala y encendió el televisor. A los pocos minutos se disculpó, indicando que iba a la cocina para ayudar a su esposa con la cena.

De inmediato comenzó una desavenencia inesperada. Resulta que el pastor tenía una hija de unos cuatro años que, como descubriríamos, era muy malcriada. Ella, para molestarnos, se paró delante de la pantalla del televisor y, con sus manos y su vestido, trató de taparla. Le pedimos cortésmente que, por favor, nos dejara ver, pero no hacía caso. Kenneth, mi hijo mayor (para aquel entonces tendría unos diecisiete años de edad), se levantó y, tomándola por sus brazos, la quitó a la fuerza. Ella no gritó, ni pidió que sus padres la rescataran de aquella situación. Lo que hizo fue pegarle una mordida a mi hijo, hasta sacarle sangre. Cuando él la soltó, de inmediato volvió a pararse ante el televisor con su cara llena de rabia. Entonces me levanté yo y, con mucha calma, le pedí que se moviera para dejarnos ver, y hasta la ayudé con un empujoncito. ¿Mi recompensa? ¡Otra mordida! Cuando la solté, se colocó de nuevo frente al televisor.

En eso llegó el padre y se dio cuenta de lo que estaba haciendo su hija. La regañó y la sentó en un sofá diciéndole: "Si lo vuelves a hacer, te daré una paliza". Pidiendo excusas por la malacrianza, se quedó sentado, pero luego de unos minutos se levantó otra vez para ayudar a su esposa y la función volvió a empezar. De inmediato, la chica se paró y se puso frente al televisor otra vez. En eso el padre regresó, la vio, la volvió a sentar en el sofá, y le dijo: "Si lo vuelves a hacer, te daré una paliza". Cuatro veces regresó y la sentó en el sofá, pero no hubo cambio ni paliza.

Durante la cena, la chiquilla se portó como una diablita. Chorrearon las amenazas de ambos, padre y madre: "Si lo vuelves a hacer, te daré una paliza". Creo que fue la visita más incómoda que he hecho en toda mi vida. Ni a la hora de acostarse, la chica les hizo caso. Por fin, totalmente agotada por sus travesuras, allí en el piso de la sala, se quedó dormida. Fue entonces que sus padres pudieron llevarla a la cama.

Regresaron, ambos también agotados, y me preguntaron: "Pastor Thompson, ¿cómo es que usted ha criado a sus cuatro hijos? Por favor, díganos el secreto". Respiré largo para serenarme, entonces miré a la madre y al padre y les dije: "Lo que nunca hice con mis hijos fue mentirles". Los dos a una voz dijeron: "Pastor, nosotros tampoco le mentimos a nuestra hija". Tuve que volver a respirar, esta vez más largo, para entonces decirles: "¿Cómo van a decir que nunca le mienten a su hija cuando mi esposa, mis cuatro hijos y yo hemos sido testigos de un montón de mentiras esta noche?"

Me dieron una mirada incrédula: "¿Nosotros mentir?" Calmado, pero con firmeza, les dije: "Cada vez que ella desobedeció, ustedes le prometieron que iban a castigarla. Nunca le dieron la paliza prometida. Es por eso que ella no les obedece". Y seguí: "Sus palabras no tienen valor puesto que no la cumplen". Hasta la madrugada de aquel día siguiente nos quedamos hablando acerca de la manera correcta y bíblica de criar a los hijos.

Estoy consciente, Carlos, de que al hablarte de la disciplina de los hijos me estoy adelantando. Todavía no tienes los tuyos. Pero Carmen está embarazada y es mejor que aprendas estos principios ahora, que luego tener que preguntarte por qué tus hijos no se portan bien. Muchas veces escuché a mi padre decirles a los pastores, en Cuba: "Antes de que cumplan cinco años, sus hijos tienen que saber la diferencia entre un 'sí' y un 'no'. Si para esa edad no lo han aprendido, nunca podrán controlarlos". Terminaba repitiendo el texto de Proverbios 13:24: *"El que detiene el castigo, a su hijo aborrece; mas el que lo ama, desde temprano lo corrige"*.

Te cuento cómo Carolina y yo comenzamos a aplicar esas verdades en nuestro hogar. Poco después de haber llegado con la familia a Costa Rica, me di cuenta de que los muchachos me obedecían a mí pero, con frecuencia, le faltaban el respeto a su madre. Enseguida me percaté de que si no respetaban a su mamá adoptiva, íbamos a tener muchos problemas. Quería que ellos la amaran como yo. Así que una tarde los senté en la sala de la casa y anuncié dos reglas:

(1) "Cuando hagan algo malo que ni a Dios, ni a mamá, ni a papá les agrade", dije, "le daremos una advertencia. Esa primera vez no los castigaremos. Si lo vuelven a hacer una segunda vez, nos sentaremos para averiguar por qué desobedecieron. Pero si lo hacen la tercera vez, enseguida —sin más preguntas— les vendrá un castigo. ¿Entendido?" Oí el eco de los tres decir: "Sí, papá". (Unas cuantas veces, cuando se portaban mal y yo les llamaba la atención, me salían con que: "Papá, recuerda, esta es solo la segunda vez" —los niños aprenden matemáticas muy rápido—, a lo que yo les respondía: "¡Ya viene la tercera, la que me toca a mí!")

(2) Luego les expliqué la segunda regla: "Escúchenme cuidadosamente. Nunca, nunca, nunca permitiré que le falten el respeto a su mamá. Desde este momento quedan advertidos de que por cualquier palabra áspera, cualquier acto de desobediencia, cualquier cara fea que le hagan a ella, inmediatamente recibirán su castigo. Tienen que amar a mamá y respetarla. ¿Entendido?" Nuevamente, con sus enormes ojos respondieron: "Sí, papá".

Esas simples reglas nos sirvieron para disciplinarlos cuando eran chiquitos, cuando estaban en kindergarten, en escuela primaria y en secundaria. No hay que tener muchas reglas en el hogar, con muy pocas basta. Lo importante es no mentir y cumplir lo que se les promete. La Biblia nos explica por qué todos nos comportamos mal, incluso los niños: *"No hay quien haga lo bueno, no hay ni siquiera uno"* (Romanos 3:12). Desde que nacemos —gracias a Adán y a Eva—, todos estamos manchados con el pecado. Declara el salmista: *"En maldad he sido formado, en pecado me concibió mi madre"* (Salmo 51:5). También lo repite Proverbios 22:15: *"La necedad está ligada en el corazón del muchacho; mas la vara de la corrección la alejará de él"*. Por eso, como padres, tenemos la obligación de ayudar a nuestros hijos a establecer principios morales altos. Eso fue lo que le comentó Pablo a Timoteo, que como resultado de la enseñanza y disciplina administrada por Eunice, su madre, y su abuela Loida, desde la niñez has sabido las Sagradas Escrituras, las cuales te pueden hacer sabio para la salvación por la fe que es en Cristo Jesús (2 Timoteo 3:15).

Reconozco, Carlos, que estas son "palabras mayores", pero no quiero que las olvides. Ya sabrás el gozo que Dios te dará al tener el privilegio de enseñar a ese hijito que ahora carga Carmen. Te cuento una experiencia que tuvimos con nuestros hijos, apenas la segunda semana de casarme con Carolina. Mis hijos estaban locos de alegría. Ya estaban con papá pero, más todavía, ahora tenían una nueva mamá. Resulta que el domingo, antes de salir para Costa Rica, fuimos invitados por dos iglesias para festejar nuestra despedida. La primera iglesia era una grande y muy formal. Así que me pidieron que yo, acompañado al piano por Carolina, les cantara en el culto matutino.

Esa mañana nos sentamos en la primera banca, nuestros tres hijos al lado: Gregorio de dos años, Daniel de tres y Kenneth de cuatro. Al ratito, me llamaron a cantar, y Carolina y yo subimos a la plataforma. Allí, sentaditos en la banca, se quedaron los tres. Cuando iba por la segunda estrofa de mi canción, vi a Gregorio pararse, subirse en la banca, y comenzar a marchar. Al momento también lo imitaron Daniel y Kenneth, de modo que los tres se pusieron a marchar hacia un lado y otro al ritmo de la canción que yo entonaba. Por la posición del piano, Carolina les daba la espalda; ella oía la bulla, pero no sabía que venía de nuestros hijos. Yo, tremendamente apenado, seguí cantando a la vez que les hacía señas para que se sentaran. Ellos, sin entenderlas, tranquilamente siguieron con su marcha, haciendo eco en toda la iglesia con las suelas de sus zapatos. Por fin Carolina se volteó y, al ver que eran nuestros hijos los que causaban el disturbio, abandonó su lugar en el piano. Las sonrisas de la congregación, poco a poco, se transformaron en carcajadas, mientras la gente —en la parte trasera de la iglesia— se ponía de pie para no perderse la fiesta.

Creo que esa mañana nadie oyó el sermón en aquella iglesia. Pero más tarde, en casa de los abuelos, me aseguré de que los tres oyeran otro "sermón" acerca de cómo comportarse en la iglesia.

Esa noche fuimos a la segunda iglesia. Era una congregación pequeña y muy informal. Nos sentamos en la tercera banca y esperamos nuestro turno para decir unas palabras y luego cantar. Cuando subimos, los tres niños se quedaron en la banca, muy tranquilos, siguiendo las pautas del "sermón" que esa tarde les había dado. La diferencia era que en esta iglesia, por la informalidad del culto, la bulla que pudieran haber hecho ellos no habría importado mucho. Los chicos de la misma edad de los nuestros, corrían por el pasillo y hablaban unos con otros, pero ellos permanecían allí sentaditos como tres angelitos.

Entonces Gregorio, el de dos años, se dio cuenta de que a Carolina se le había quedado la Biblia. Seguro de que su nueva mamá la necesitaba, la agarró y muy calladito, arrastrándose por el piso, gradualmente fue empujando la Biblia delante de él hasta llegar al piano. Se paró y, sin decir nada, se puso en la banca del piano al lado de su mamá y regresó a su asiento de la misma forma en que había subido, arrastrándose por el piso. Allí se quedó, con la camisa negra del polvo recogido en su recorrido, pero la cara contenta luciendo la satisfacción de haber hecho algo muy bueno por su mamá. Esa noche, cuando llegamos a casa, Carolina y yo los abrazamos y besamos a los tres y les expresamos cuánto apreciábamos lo bien que se habían portado.

Carlos, desde esa ocasión en adelante, nunca más tuvimos problemas con la conducta de nuestros hijos en la iglesia. Así, muy chicos, aprendieron que la casa de Dios es un lugar sagrado y que tenían que portarse bien. En muchas iglesias, Carolina y yo tuvimos que dejarlos sentados mientras nosotros participábamos en el culto; ellos se quedaban tranquilamente en sus asientos, tal como les habíamos enseñado. Lo que dice el Salmo 34:11 (NVI) es, por cierto, el deber constante de nosotros los padres: *"Vengan, hijos míos, y escúchenme, que voy a enseñarles el temor del Señor"*.

Ahora que tú y Carmen están esperando su primer hijo, espero que estos consejos que he expresado sirvan para ayudarles a guiar y a enseñar a los hijos que Dios les dé. Bueno, espero tus reacciones. No te olvides que a nosotros los viejos nos agrada dar consejos. Por favor, salúdame a Carmen.

Sigo orando que Dios te bendiga mucho,

Les Thompson

Martín Lutero, ¡qué asombroso ejemplo de hogar nos da Lutero!

CARTA 16
La grandeza del hogar

¡Felicitaciones, querido Carlos!

YA ESTÁS POR DESCUBRIR EL GOZO DE SER "PADRE". ¡Qué Dios le dé, a Carlitos hijo, una vida larga y muy bendecida! Espero que ese orgullo de padre que sientes ahora, dure toda tu vida. Aparte del gozo que da tener una esposa, no hay otro mayor que el de tener hijos. Qué triste es el hogar donde el padre no se lleva bien con sus hijos.

Una de las grandes historias del pasado nos muestra el ejemplo de un lindo y feliz hogar. Me refiero al de Martín Lutero, ¡sabes que él es mi héroe, mi personaje favorito! Cuando este mundialmente famoso monje de Wittenberg se casó con la monja Katherine von Bora, el 26 de junio de 1525, toda Europa se escandalizó (en aquel entonces creían que si un monje se casaba con una monja, el hijo de ambos sería el anticristo). Imagínate lo que dijeron los enemigos de Lutero cuando nació Hans, su primer hijo.

La historia de ella —poco conocida— es muy interesante. Katherine era una de nueve monjas que se habían convertido al luteranismo y, debido al terrible trato que como luteranas sufrían en el convento de Nimbschen, buscaban la manera de escapar de allí. El convento era conocido por su fábrica de cerveza que distribuían por toda Alemania en enormes barriles. Enterándose del deseo de las monjas, con un amigo que tenía acceso al convento, Lutero ideó un escape digno de un moderno drama de televisión. En la oscura noche programada, las nueve salieron apuradas por la ventana de la celda de Katherine. Lutero y su amigo las metieron a cada una en un barril vacío. Así, la carreta cargada con las monjas, salió del convento sin sospecha alguna por parte de la guardia.

Una vez refugiadas en Wittenberg, Lutero se sintió responsable de esas pobres monjas ya que no tenían manera de ganarse la vida. Una por una las fue casando con sus amigos. Al final quedaba solo Katherine. No importaba quién le propusiera matrimonio, ella medio riéndose decía: "Únicamente me caso con el doctor Lutero". Por su parte Lutero, a la edad de cuarenta y dos, decidió casarse con Katherine, de veintiséis, para —como le dijo chistosamente a un amigo—, "cumplir con los deseos de mi padre: atormentar al Papa Leo X, y mortificar al diablo".

Sea como fuese, Dios bendijo ese matrimonio con seis hijos: Hans, Elizabeth, Magdalena, Martín, Paul y Margarita. Al pasar los años, la casa no solo daba lugar para los hijos de Lutero, sino también para una pariente de Katherine, seis hijos de una hermana de Lutero que murió, varios seminaristas y un solitario perro. Lo que la gente del barrio hablaba de la casa de Lutero era que allí reinaban la alegría y el gozo. Los chicos inventaban toda clase de juegos. Lutero añadía al bullicio con los himnos que escribía para que cantaran a la gloria de Dios. También hacía arreglos musicales, enseñando a sus hijos —y a todos en la casa— a cantar a cuatro voces. Era un hogar en el que se manifestaba el amor y la alegría producidos por una vivencia sincera del evangelio.

Carlos, lo que me impresiona de esta historia es que el hogar de Lutero era como un oasis. Recuerda que él estaba ocupadísimo con la Reforma que junto con sus colegas había iniciado. Grandes eran los problemas políticos creados entre los príncipes alemanes (del cual él era consejero) y el Vaticano. También había desacuerdos teológicos en la universidad; pleitos con las iglesias que querían hacer compromisos con el catolicismo; a la vez que seguía sufriendo de atentados contra su propia vida, puesto que debido al Edicto de Worms, Lutero era proscrito. Cualquier enemigo podía capturarlo y llevarlo vivo o muerto a las autoridades católicas. Por encima de todo eso, Lutero (ya mayor) en lo físico, sufría de fuertes dolores de cabeza, reumatismo, problemas digestivos, neuritis y una enfermedad de los oídos que le causaba constantes vértigos.

Sin embargo, en su hogar, el gran amor que tenía por Katherine y sus hijos era palpable. Siempre tenía tiempo para ellos. Una vez, cuando su hijo Hans cumplió cuatro años y Lutero salió de viaje sin poder estar en la fiesta, le escribió una extensa carta en la que decía: "Gracia y paz en Cristo sean contigo, Hans, mi pequeño y amado hijo. Me alegró oír que estás estudiando y diciéndole a Dios tus peticiones. Cuando regrese a casa te llevaré un lindo regalo...", y a la carta le añadió un lindo cuento original acerca de "un jardín lleno de niños vestidos de chaquetas de oro que recogían manzanas, peras, cerezas y ciruelas, y que cantaban, corrían y saltaban de felicidad..." En otra ocasión, su hija Elizabeth enfermó y murió. Lutero le escribió, entonces, a un amigo: "Mi pequeñita Elizabeth ha muerto. Me ha dejado tan enfermo el corazón que lloro como si fuera una mujer. Qué lástima he sentido por ella. Nunca hubiera creído que el corazón mío pudiera haber sido tan sensibilizado por esta tan amada hija".

Carlos, ¡qué asombroso ejemplo de hogar nos da Lutero! Al pensar en ello, afirmo que así debe ser todo hogar cristiano: *"una ciudad asentada sobre un monte que no se puede esconder"* (Mateo 5:14). Así como Jesucristo nos ha llenado de su amor, como nos ha perdonando nuestros pecados, como nos ha dado tantas ricas promesas, como nos acompaña dondequiera que vamos, como nos ha prometido una eternidad en su presencia, tiene que haber un lugar donde todos esos dones se hagan visibles. ¿Qué mejor sitio que nuestros hogares?

Doy gracias a Dios que así como el de Lutero, mi hogar también es un oasis. Te acordarás, Carlos, de la manera en que Dios me permitió restablecer mi hogar. Te cuento que en las tardes, luego de mi trabajo, ese lugar se convertía en mi refugio: el abrazo amoroso de mi esposa, la risa de ella al ver a nuestros cuatro hijos tratar de tirarme al piso con el fin de ganarme en un juego de lucha libre, todo ello me llenaba de satisfacción. Además de lo encantadores que eran los interesantes relatos contados a la hora de la cena, haciéndonos reír por las cosas y las locuras ocurridas durante el día.

Lo que más les agradaba a nuestros hijos era jugar al escondido. Nunca estaban satisfechos a menos que Carolina y yo jugáramos con ellos. Recuerdo una tarde, al oscurecer, que regresé a casa y mis hijos rodearon mi auto gritando: "¡Papá, ayúdanos, no podemos encontrar a mamá!" Dejando mi maletín en la puerta, los cinco —como detectives— silenciosamente nos pusimos a buscarla. Miramos tras cada arbusto del patio, tras la puerta de la cocina, en las habitaciones de la casa, pero en ninguna parte aparecía mamá. Por fin salimos de nuevo al patio. Cruzando por debajo de la mata de mango, oímos un "piiisssssst". Miramos hacia arriba, ¡allí estaba Carolina! Se había trepado tan alto en el árbol que le daba miedo bajar.

Otra tarde regresé de la oficina para encontrar a Carolina encaramada en el techo de la casa con la manguera en sus manos, echándoles agua a los muchachos que a gritos pretendían huir de ella. Cuando llegaba la temporada del futbol americano, todos los seis (tres en cada equipo) hacíamos los partidos. Pobre Carolina, salía toda arañada y llena de magullones, pero los hijos quedaban contentos y orgullosos. No había mamá en todo el vecindario como la de ellos. Recuerdo que durante la temporada de béisbol me hice muy amigo del dueño de un negocio que arreglaba ventanas. A diario, creo, tuve que visitarlo debido a las ventanas rotas por batazos de las pelotas. Carolina decía: "¡Es menos costoso arreglar ventanas que curar a delincuentes!"

Cuando nos mudamos de Costa Rica a Miami, buscamos algunos muebles prestados. El primero que compramos fue un piano, ya que Carolina es pianista. Ese piano llegó a ser el punto preferido de la casa. Poco a poco los cuatro hijos fueron desarrollando sus voces y aprendiendo las partituras para poder cantar a cuatro voces. ¡Teníamos nuestro cuarteto! También aprendieron a tocar trompetas y las campanas suizas. Tan bien lo hacían que varias iglesias por todo el sur de los Estados Unidos nos invitaban a dar conciertos.

Por cierto, no todo en nuestro hogar fueron juegos, risas y música. Hubo momentos tristes en que tuvimos que enfrentar pecados y administrar disciplina. Pero en todo procuramos que Dios fuera el centro de nuestro hogar y que Él nos ayudara a ser padres ejemplares con un hogar donde se vivía el evangelio. Ahora que soy abuelo y me llegan recuerdos de aquellos días, lo que llena mi mente no son esos momentos difíciles, sino toda la alegría y el gozo que Dios nos dio a Carolina y a mí al criar a esos cuatro muchachos que hoy con tanta fidelidad sirven a Dios.

Carlos, ahora que Dios te ha dado a ti y a Carmen un primer crío —¡Carlitos, que lindo nombre!—, mi oración es que tu hogar llegue a ser un centro de gozo, amor y alegría donde toda la comunidad vea la presencia de Jesucristo. Cuán grande es la verdad de que Cristo *vino al mundo para buscar y a salvar lo que se había perdido*" (Lucas 19:10); y esa promesa incluye a nuestros hogares.

Por favor, comparte con Carmen mis felicitaciones. No puedo esperar hasta ver a Carlitos. Cuando me escribas, te agradezco que me envíes una foto suya.

Abrazos,

Leslie Thompson

CARTA 17
La tolerancia y las leyes de Dios

Estimado Carlos:

TUS CARTAS SUELEN estar llenas de tanta alegría y promesa que no pude dejar de notar el tono triste de tu última misiva. Me dices que en una reunión de pastores te enteraste que un pastor conocido anunció que era homosexual. Luego me explicas cómo algunos de los presentes defendieron el tema mientras otros lo condenaron, y pides mi opinión sobre este difícil asunto.

En primer lugar, permíteme afirmarte que la Biblia nos dice que la homosexualidad es un pecado grave contra Dios. La carta de Pablo a los Corintios dice: *"¿No sabéis que los injustos no heredarán el reino de Dios? No erréis; ni los fornicarios, ni los idólatras, ni los adúlteros, ni los afeminados, ni los que se echan con varones, ni los ladrones, ni los avaros, ni los borrachos, ni los maldicientes, ni los estafadores, heredarán el reino de Dios"* (1 Cor 6:9-10). Es imposible leer este pasaje y no tomar nota de que la homosexualidad está incluida en la misma lista de pecados que incluyen la codicia, ser ladrón, o tramposo.

Pero entonces, Pablo continúa: *"Y esto erais algunos; mas ya habéis sido lavados, ya habéis sido santificados, ya habéis sido justificados en el nombre del Señor Jesús, y por el Espíritu de nuestro Dios"*(1 Cor 6:11). ¡Qué hermosa ilustración de la asombrosa gracia de Dios, de su misericordia y amor que nos salvan de los pecados que nos esclavizan! Y es que, Carlos, a nuestro Padre Celestial le preocupa profundamente lo que el pecado le hace al pecador. Él quiere algo maravilloso para nosotros y el pecado distorsiona su gran diseño. La razón por la cual Dios prohíbe la homosexualidad, el adulterio, la codicia y todos los otros pecados no es solo porque lo ofende a él, sino porque nos afecta a nosotros.

Recuerdo que cuando terminamos nuestras responsabilidades en Costa Rica, y antes de abrir nuestra oficina en Miami, fuimos como familia a Bellingham, Washington, para pasar un año con los padres de Carolina. Poco después de llegar, un pastor nos invitó a proveerles la música en el culto del domingo en la noche. El pastor y la congregación nos acogieron cálidamente. Canté algunas canciones en español mientras mi esposa tocaba el piano y disfrutamos de una maravillosa noche de comunión. Unos días más tarde recibí una llamada del pastor pidiendo que pasara por su oficina para discutir un asunto importante. Entré a su oficina, y él se levantó y me dio un abrazo extendido. Al principio no pensé nada —estaba acostumbrado a nuestros abrazos latinos— hasta que comenzó a frotar mis espaldas cariñosamente. Yo me di cuenta que algo andaba muy mal. Luego dijo algo que yo nunca hubiera imaginado: "Te amo como si fueras mi mujer".

Me separé rápidamente y me dirigí hacia la puerta. Me volví hacia el pastor y con un rostro severo y con la voz más masculina que podía producir le pregunté: "Pastor, ¿es usted homosexual?" Sorprendido seguramente por la gravedad de mi voz, junto con la abierta acusación de mi pregunta, de inmediato agachó la cabeza y comenzó a llorar. Cuando finalmente ganó la compostura, me pidió que por favor lo perdonara. No dejaba de repetir: "¡Qué locura mía!" Entonces lloró en voz alta, "¡Estoy perdido! No puedo controlar estos deseos sexuales".

Me quedé sin habla. Él era un pastor, un "hombre de Dios" con una posición privilegiada en la comunidad. Me quedé estupefacto pidiendo al Señor una respuesta para tratar de ayudar a este pobre hombre. Finalmente, después de que su llanto se había calmado, le pregunté si él estaba teniendo contacto sexual con hombres en su iglesia. "Sí", exclamó, "con varios". Luego de unos momentos de silencio, apasionadamente oré por él, pidiéndole a Dios que lo perdonara y que tuviera misericordia de su alma encadenada por ese terrible pecado. Entonces le informé que por el bien de la iglesia, y —más importante todavía— para el bien de su propia alma, tendría que avisar a los líderes de la congregación.

Me despedí, asegurándole que oraría mucho por él. Al salir por la puerta las últimas palabras que le oí decir fueron: "Por fin mi pecado ha sido descubierto.

¡Ay de mí!"

Carlos, cuando el pecado de este pastor se convirtió en noticia en la comunidad, y que fui yo el que lo descubrió, empecé a recibir llamadas airadas de otros pastores preguntándome que quién era yo para condenar a ese hermano. Uno me citó las palabras de Jesús: *"¿Y por qué miras la paja que está en el ojo de tu hermano, y no echas de ver la viga que está en tu propio ojo?"* (Mateo 7:3-4). Otro me citó Mateo 7:1: *"No juzguéis, para que no seáis juzgados."*

Pero también vinieron llamadas positivas. "Gracias", me dijo uno de los padres de los niños molestados, "no sabíamos que hacer puesto que era nuestro pastor". Recuerdo una llamada en particular de otro pastor diciéndome que sabía del problema del ese pastor, pero que no se había atrevido a denunciarlo.

Esas reacciones me obligaron a considerar cuál realmente debe ser la responsabilidad mía como pastor ante ese tipo de situación. Vivimos en días en que la gente cree que todo se debe tolerar. Con tal que algo no sea criminal, debemos dejar que cada persona escoja sus propios valores y el estilo de vida que prefiere. Como que hay que amar a todos, ni la iglesia ni nadie tienen el derecho de interferir o juzgar.

¿Qué diría Moisés ante tales reclamos? ¿Cómo reaccionarían los profetas de Israel? ¿Qué respuesta daría Jesucristo, *"el que halló en el templo a los que vendían bueyes, ovejas y palomas, y a los cambistas allí sentados. Y haciendo un azote de cuerdas, echó fuera del templo a todos... No hagáis de la casa de mi Padre casa de mercado"* (Juan 2:14-16). La Biblia de principio a fin condena el pecado rotundamente.

Hay otros momentos, sin embargo, cuando el pecado se enfrenta con suavidad, silencio, y personalmente. Fue con gran ternura que Jesús se encontró con la mujer en el pozo, así como Zaqueo en el árbol. La diferencia con estos ejemplos, sin embargo, es que ni la mujer ni Zaqueo escondieron su verdad— eran dos perdidos pecadores en buscando un Salvador. En el caso de aquellos que alegaban ser representantes de Dios, sin embargo, Jesús fue feroz en su condena. Otro ejemplo es la confrontación que Pablo tuvo con el hombre de la iglesia en Corinto, cuando menciona el problema del incesto: *"el tal sea entregado a Satanás para destrucción de la carne, a fin de que el espíritu sea salvo en el día del Señor Jesús"* (1 Cor 5:5).

Como pastores del pueblo de Dios, estamos obligados específicamente para enfrentarnos a aquellos que dicen ser hijos de Dios, pero desafían las leyes de Dios. Con la mayor humildad y amor que podamos reunir, nuestro objetivo es confrontar el pecado y traer a los pecadores al arrepentimiento. Para estar seguros, tenemos que seguir los pasos dados por Jesús en Mateo 18:15-17 sobre la manera de corregir a otro creyente. Y cuando se refiere a la homosexualidad, hay numerosos pasajes para estudiar y recitar como Levítico 18:22 *"No te echarás con varón como con mujer; es abominación"* (Lev 18:22) y otros textos, tales como Levítico 20:13, Romanos 1:26-27, 1 Corintios 6:9-11, invitando a la persona que, en nombre de Cristo, se arrepientan.

Al escribirte esta carta, Carlos, he estado leyendo el pequeño libro de Amós. ¡Qué interesante como el profeta comunica el juicio de Dios sobre los que han quebrantado Su ley divina. En cada caso Dios describe los cuatro graves pecados cometidos y pronuncia el juicio que han de recibir. Dios lleva la cuenta. Él tiene la lista. Nadie escapa. Esa lista es borrada únicamente cuando el transgresor viene a la cruz y en fe abraza al Salvador como su sustituto. Si no lo hace, vendrá sobre él todo el peso del castigo divino.

No eres tú ni soy yo los que creamos estas prohibiciones, es Dios. A su vez Él nos ha llamado a representarle, pero haciéndolo en el espíritu de Judas 1:22-23: *"A algunos que dudan, convencedlos. A otros salvad, arrebatándolos del fuego; y de otros tened misericordia con temor, aborreciendo aun la ropa contaminada por su carne".*

Esta tarea nos es difícil porque reconocemos que nosotros también pecamos, y que al no ser por la misericordia salvadora de Jesucristo, mereceríamos el infierno. Por eso es que constantemente tenemos que abrazarnos de la cruz agradeciéndole a Jesucristo por el perdón de nuestros pecados y la oferta abierta que Él ofrece a toda persona que se le acerca arrepentida.

Dios te ayude, Carlos, en tus tratos con esos pastores que aparentemente están indispuestos a llamar "pecado" al pecado. Quizás Dios te use para que amorosamente puedas compartirles algunos de estos pensamientos y enseñanzas.

No dejes de escribirme.
Te mando un fuerte abrazo,

Leslie Thompson

CARTAS 18
Don de evangelismo

Estimado Carlos:

POR TU CARTA VEO LA PASIÓN QUE SIENTES por el evangelismo. Te felicito. Entonces quieres saber cómo cumplo yo con ese llamado divino tan especial.

Quizás mi respuesta te asombre. El don que tengo no es el de evangelista, es el de maestro. Te acordarás que San Pablo nos enseña que Jesucristo da dones a sus siervos: *"Y él mismo constituyó a unos, apóstoles; a otros, profetas; a otros, evangelistas; a otros, pastores y maestros, a fin de perfeccionar a los santos para la obra del ministerio, para la edificación del cuerpo de Cristo"* (Efesios 4:11-12). Me imagino que Dios puede dotar con más de un don a una persona, pero yo me siento muy satisfecho con el que poseo: ¡ser maestro es maravilloso!

¿Puedes imaginarte el gozo que siento al poder enseñar la Palabra de Dios en todos los rincones de América Latina? Me siento como Pablo: *"A mí, que soy menos que el más pequeño de todos los santos, me fue dada esta gracia de anunciar entre los* [hispanos] *el evangelio de las inescrutables riquezas de Cristo"* (Efesios 3:8). ¡Qué honor! ¡Qué privilegio!

Por cierto, he hecho algo de evangelismo. En Cuba, en los años 1953 al 1960 me invitaron a varias iglesias para dar campañas de evangelismo. En la primerísima, poco después de llegar a Cuba, prediqué tres días en una iglesia, y solo un niño de doce años respondió a mi llamado. Te darás cuenta que rápidamente noté que no tenía el don de evangelista. Luego, del 1962 al 1977, fui invitado a participar en varias campañas del Dr. Billy Graham; y el que tuvo gloriosos resultados fue él, no yo.

En lo que me he sentido realizado, feliz, capaz y bendecido ha sido cuando me encuentro enseñando doctrina, teología, Biblia y temas relacionados. Con esto no quiero decir que no siento obligaciones de contar de Cristo a otros. Con esto te digo que el don especial que Dios me ha dado es el de enseñar, este es el campo donde Dios me ha bendecido. Las oportunidades que he tenido de introducir personas a Cristo han sido mayormente en aviones, en taxis, en hoteles.

Por ejemplo, me monté en un taxi en Lima. El chofer me preguntó a dónde quería ir: "Qué fantástico", le dije.

—Por favor lléveme a la ciudad más hermosa que un hombre pueda conocer.

—¿Qué ciudad es esa—me preguntó.

—Pues, a ver si puede adivinar—le dije.

—¿Nueva York?

—No, a una mucho más bella—le dije.

—Seguro que es París.

—No, no, no. Mucho más bella que esa.

—Pues dígame, porque no tengo idea— respondió el taxista.

—Me refiero—le dije—a la Nueva Jerusalén.

—¿Nueva Jerusalén...allá en Israel?

—Se acerca—le dije—Me refiero a la nueva y hermosa ciudad que Dios dice ha preparado para nosotros. ¿Sabe usted a dónde está y cómo llegar?

—No tengo idea—respondió.

En los minutos que nos dio el viaje al aeropuerto internacional, le conté las buenas nuevas del evangelio.

Ese tipo de evangelización, creo, es el que nos pertenece a todos. Pero, Carlos, reconozcamos que ese tipo no nos designa como aquellos que tienen el don de evangelista. Tengo unos amigos que en verdad han sido dotados con ese don. Pienso, por ejemplo, en mi buen amigo Guillermo Villanueva, un mexicano, que obviamente tiene el don de evangelista. Él va a iglesias pequeñas, y los informes que me manda cuentan de veinticinco personas que se entregaron a Cristo en un pueblito, de otras dieciséis que hicieron profesión de fe en otro. Luego va a campañas en estadios, y el informe es de centenares. Yo leo sus cartas y me lleno de gozo al saber de esos éxitos. Me gusta oír acerca de multitudes que llegan al trono de la gracia. Pero en cuanto al evangelismo, yo he tenido que contentarme con solo uno aquí y otro allá que casualmente encuentro en el camino. Mi llamado ha sido la enseñanza. Los que me vienen a escuchar son pastores y todos, supuestamente, ya convertidos.

Doy gracias al Señor, sin embargo, por esas ocasiones cuando Él me ha permitido confrontar a pecadores con su necesidad de Cristo. Me acuerdo de un recorrido muy especial que me tocó hacer en Venezuela, en el año 1998, con un querido colega, Jaime Rodríguez (años a tras él dirigía nuestro trabajo en el país). Planificamos tres seminarios para pastores: en Barinas, en Mérida y en Maracaibo.

En Barinas fuimos recibidos por un lindo grupo de pastores, y por tres días alegremente compartimos la Palabra de Dios con ellos. Pero allí no me tocó ningún encuentro con un pagano.

Entonces, para llegar a Mérida, tomamos lo que por allá llaman un "carrito" (taxi interurbano) para hacer ese viaje hermoso de subida por los Andes venezolanos a la bellísima ciudad universitaria de Mérida. Allí de nuevo fui bien recibido, pude dar mis estudios bíblicos —palabras bien recibidas— pero todos eran piadosos evangélicos.

Pero entonces nos tocó tomar otro "carrito", esta vez en camino a la ciudad de Maracaibo. Al timón nos encontramos con un ateo. De Cristo no quería saber nada, no importaban los intentos de Jaime ni la insistencia mía. Era uno de esos tipos testarudos que le invitan a uno a (parafraseando las palabras de Cristo) "salir del taxi para sacudir el polvo de los pies sobre el vehículo".

Entonces ocurrió lo inesperado. Llegando al Río Santo Domingo, debido a unos aguaceros torrenciales, la creciente se había llevado el puente. Ahí estábamos detenidos, teniendo que llegar a Maracaibo para el servicio de apertura del seminario esa noche. Al rato aparecieron los militares y rápidamente levantaron un puente militar (provisional), pero era sumamente angosto, solo para el cruce de gente. En eso, a nuestro irreligioso taxista se le ocurrió una idea salvadora. ¿Qué si consiguiésemos hacer un intercambio de taxis? Seguro que al otro lado habría otro taxi con pasajeros necesitando cruzar. El taxista cruzó por el puente y a los pocos minutos regresó, presentándonos al nuevo chofer con el cual había hecho los arreglos.

Nuestro nuevo chofer era genial. Quería conversar. Al enterarse que éramos pastores, enseguida comenzó a hacernos preguntas que mostraban curiosidad espiritual. Poco a poco en la conversación llegamos a hablar del crecido río que se había llevado el puente, cosa que nos sirvió de perfecta analogía. El pecado, como el crecido río, nos quebró toda posibilidad de llegar al cielo. Para llegar necesitábamos un puente. Y le contamos cómo Cristo, muriendo en la cruz, nos hizo ese puente fiable y seguro. Antes de llegar a Maracaibo tuvimos que hacer una parada; el taxista ahí mismo y sin demora quería arreglar cuentas con Dios.

Carlos, te he contado estos incidentes con el fin de mostrarte que con el don que Dios nos ha dado debemos estar sumamente contentos y satisfechos. Al oírte predicar y enseñar la Biblia creo que ese es el don que Dios te ha dado a ti. A veces, cuando vemos gente que llenan estadios y tienen sus nombres en carteles, comenzamos a querer lo que Dios no nos ha dado.

Debemos estar hartos de gozo con el don que Dios nos ha regalado. Yo no soy apóstol, yo no soy profeta —ni lo quiero ser. Tampoco soy evangelista; soy pastor y maestro. Este es el don maravilloso y glorioso que Dios me regaló. Mi lugar es un aula de enseñanza donde, por la gracia y ayuda de Dios, trabajo con el fin de *"perfeccionar a los santos para la obra del ministerio, para la edificación del cuerpo de Cristo, hasta que todos lleguemos a la unidad de la fe y del conocimiento del Hijo de Dios"* (Efesios 4:12-13). Creo que también es el don tuyo. Desarróllalo al máximo. Deléitate en el tremendo placer de abrir las inescrutables verdades divinas al pueblo de Dios.

Seguro que ahora tendrás más preguntas. Acá estoy para ayudarte como pueda. Sigo orando que Dios te use poderosamente para enriquecer la vida espiritual de los miembros de tu iglesia.

Sin más por el momento, tu anciano amigo,

Les Thompson

CARTA 19
Cómo orar

Estimado Carlos:

GRACIAS POR TU NOTA. Disfruté de lo que me contaste de las cosas curiosas que está haciendo Carlitos Júnior, y del gozo que él te da a ti y a Carmen. Qué cierto es lo que dice el Salmo 127:3: *"Los hijos son una herencia del Señor, bendiciones que Dios nos permite disfrutar."* En tu carta también mecuentas de las luchas que tienes con tu vida de oración y pides ayuda.

No conozco de un área espiritual que nos dé más dificultad que el de la oración. Nos es difícil captar el concepto que yo, un ser caído, realmente puedo hablar con el santísimo Dios. Más asombroso todavía: no solo podemos comunicarnos con Dios, sino que Él quiere que le busquemos y el medio escogido es por nuestras oraciones.

Martín Lutero, en la introducción a su pequeño libro *Una manera simple de orar* (lo escribió en 1535), nos cuenta que su barbero un día le pidió que le enseñara a orar. Dándose cuenta que esa era la necesidad de muchos, escribió unos consejos. Al barbero específicamente le dijo:

"Haz que la oración sea tu primera tarea al levantarte en la mañana, y la última al acostarte. A la vez, la oración no debe distraerte. Es indispensable que en tu trabajo te concentres, porque un buen barbero pone su atención, pensamiento, ojos en lo que está haciendo. Se concentra en la navaja y en el pelo. No se olvida a qué punto ha llegado en el corte, o en la barba que afeita. Si pierde su atención, si habla demasiado, si permite que su mente se fije en otras cosas, seguramente va a cortar la boca, la nariz, la oreja, o el cuello de su cliente. Así es que si hemos de hacer algo bien —incluso la oración— requiere que prestemos toda nuestra atención y que hagamos uso de todos nuestros sentidos...." (pp. 32-33).

Puesto que la oración es "el hombre en comunicación con Dios", conlleva dos aspectos indispensables: (1) nosotros hablando con Dios; (2) Dios hablando con nosotros. Creo que practicamos el número uno bastante bien, pero el segundo deplorablemente.

Por ejemplo, visita un culto de oración en cualquier iglesia. Escucha las peticiones. Se pide por el riñón de la hermana Cristina, el hígado del hermano Florentino, la espalda de la viuda Cecilia, el cáncer del diácono Sánchez, el dedo gordo del pie derecho del anciano Bartolomé y así por el estilo. Uno sale de allí pensando que lo único que Dios hace es atender a una clínica. ¿En cuál culto de oración se oyen peticiones que tienen que ver con nuestra falta de reverencia y respeto a Dios, con nuestras actitudes espirituales anímicas, con los problemas terribles que ocurren por el mundo entero —incluso el barrio donde vivimos—, con peticiones que la gloria y magnificencia de Dios se demuestren en el país, o la comunidad, o en nuestra propia iglesia?

Analizando este tipo de oraciones enseguida nos damos cuenta que en su mayoría son unidireccionales (nosotros pidiéndole a Dios, sin dejar lugar para que Dios nos hable), y que son "unitemáticas" (oraciones de un mismo tema, es decir, solo por los enfermos y afligidos, y no por cosas como el terrible estado espiritual en que nos encontramos). Qué cierto es que ¡realmente necesitamos aprender a orar!

La oración modelo que nos dio Jesucristo contiene por lo menos once aspectos, o diferentes partes, o distintas clases de plegarias. Estudiándolas vemos la verdad de lo que dijo Lutero: "Si hemos de hacer algo bien hecho —incluso la oración— requiere que prestemos toda nuestra atención y que hagamos uso de todos nuestros sentidos". Veamos lo que Cristo nos enseña en el Padre Nuestro (Mateo 6:9-13):

La parte espiritual de la oración

"Padre nuestro" —al entender la íntima relación que tenemos con el eterno y todopoderoso Dios, podemos acercarnos a El y hablarle con confianza. Él realmente es nuestro "Padre" y somos sus "hijos".

"Que estás en los cielos" —nuestro Dios, al que oramos, está en el cielo. La tierra, por tanto, no debe ser el punto principal de interés. Al pedirle algo debemos preguntarle: ¿Qué es lo que quieres hacer?

"Santificado sea tu nombre" —necesitamos conocer la grandeza, pureza y absoluta santidad de Dios (le santificamos y glorificamos cuando buscamos de Él pureza). Dios quiere corazones limpios.

"Venga tu reino" —tenemos que recordar que Él es el Rey y que debemos someternos a él en todo, siempre buscando complacerle.

"Hágase tu voluntad como en el cielo, así también en la tierra" —pedimos que así como en el cielo siempre se hace su voluntad, que acá en el mundo reconozcamos su reinado y su gobierno.

La parte práctica de nuestras oraciones

"El pan nuestro de cada día, dánoslo hoy" —luego de poner los intereses de Dios primero, entonces es que pedimos que supla nuestras necesidades diarias: comida, ropa, techo, trabajo, salud.

"Y perdónanos nuestras deudas, como también nosotros perdonamos a nuestros deudores" —pedimos gracia para perdonar a aquellos que nos hacen daño de forma parecida al perdón que Él nos ha mostrado. Si no lo hacemos, no merecemos su perdón.

"Y no nos metas en tentación" —pedimos que nos libre de tentaciones (es decir, que nos dé fuerza para resistir esos pecados que nos atraen y que amamos).

"Mas líbranos del mal" —pedimos que nos ayude a vivir vidas puras, reconociendo la diferencia entre lo bueno y lo malo.

"Porque tuyo es el reino, y el poder, y la gloria, por todos los siglos" — terminamos reconociendo que de Dios es el reino (no de nosotros), que de Dios viene el poder para vivir como debemos (no de nosotros), y que a Dios le damos toda la gloria (no es nuestra), puesto que para Él hemos de vivir, no solo ahora sinopor todos los siglos.

"Amén". "El 'amén' se entiende así", le explicó Lutero al barbero, mencionado: "No termines de orar sin antes decir o pensar, 'Muy bien, yo sé que es cierto que el Todopoderoso Dios ha escuchado mi oración'. Eso es lo que quiere decir el amén".

Como acabamos de ver, Carlos, los primeros cinco deberes que Jesús nos enseña en cuanto a la oración tienen que ver con Dios (son teológicos), y los últimos seis tienen que ver con nosotros (son prácticos). Nos acercamos a Dios en oración no tanto para buscar ayuda con nuestros problemas y necesidades, sino buscando que Dios sea glorificado en nuestro mundo, en nuestro alrededor, y en el desarrollo espiritual de nuestras vidas. Por decirlo así: oramos para que se pueda ver en nuestro mundo mucho más del cielo, y mucho menos del gobierno de la impiedad.

Un francés, Bernard de Clairvaux (1090–1153), y gran hombre de oración, dijo: "No debemos orar solo una o dos veces, sino frecuente y diligentemente, contándole a Dios los deseos de nuestro corazón, y permitiéndole oír nuestras voces. Es por esto que la Palabra nos dice: *"sean conocidas vuestras peticiones delante de Dios en toda oración y ruego, con acción de gracias"* (Filipenses 4:6), cosa que sucede como resultado de oraciones diligentes y persistentes".

En interesante investigar la vida de oración de grandes hombres de Dios en el pasado. Observamos que nos es imposible distinguir entre su robusta teología y su devoción a Dios, entre su cabeza y su corazón, entre su doctrina y piedad personal, y entre sus conocimientos y sus oraciones. No se dirigían a Dios informal y sentimentalmente; llegaban reconociendo su finitud. Lo vemos, por ejemplo, en una de las peticiones de Anselmo (1033-1109): "Soy un despreciable hijo de Eva... tan jorobado que solo puedo mirar hacia abajo. Levántame, oh Dios, para que pueda mirar hacia arriba". Claramente siervos de Dios eran muy conscientes de la diferencia que hay entre nosotros —seres limitados y pecaminosos— y el Gran y Justo Juez ante el cual todos un día apareceremos.

Vemos también que la Biblia juega un importante papel. Por la lectura y meditación en ella aprendemos a armonizar nuestra voz (peticiones) con la voz (respuestas) de Dios. Mi padre, como ejemplo, era hombre de oración. Ese era el aspecto que más recuerdo de su vida espiritual. Fielmente se levantaba todos los días a las cuatro de la mañana y, junto con mamá, oraban hasta las siete. Entonces desayunaban y seguían con los quehaceres del día. Varias veces, curioso, me acerqué para oírles orar. Me sorprendieron las veces en que papá se detuvo para leer pasajes de la Biblia y —más interesante todavía— repetírselos a Dios. Con ignorancia de lo que es la oración, me preguntaba: ¿Qué relación tiene la Biblia con la oración? Y, ¿por qué le repite a Dios lo que Él mismo ha dicho en la Biblia?

Años más tarde, cuando me puse seriamente a estudiar la Biblia, descubrí la respuesta. ¿A quién estoy orando? ¿Cómo es Él? ¿Qué quiere? ¿Qué espera de mí? ¿Cómo puedo confiadamente traerle mis peticiones si no lo conozco? La Biblia es la que me da respuesta a todas esas preguntas. Sin la Biblia no se quién es Dios ni porqué se interesa en mí.

Veamos, como ejemplo, una oración de David, una que encontramos en el Salmo 30.

David está muy enfermo, a punto de morir y le hace una petición a Dios:

"A ti, oh Jehová, clamaré, y al Señor suplicaré" (v. 8).

Al leer todo lo que nos dice David acerca de Dios en los Salmos, sabemos que él sabe quién es Jehová. Sabe que como hijo tiene todo derecho de pedir ayuda de El. Abre su corazón y le dice a Dios: *"¿Qué provecho hay en mi muerte cuando descienda a la sepultura? ¿Te alabará el polvo? ¿Anunciará tu verdad? Oye, oh Jehová, y ten misericordia de mí; Jehová, sé tú mi ayudador"* (vv. 9-10).

Y vemos que Dios gloriosamente le responde por lo dicho por David:

"Has cambiado mi lamento en baile; desataste mi cilicio, y me ceñiste de alegría. Por tanto, a ti cantaré, gloria mía, y no estaré callado. Jehová Dios mío, te alabaré para siempre".

La oración no es unidireccional, es decir, David no estaba alzando una petición al aire sin saber quién le estaba escuchando. Igual que David —por lo que me ha enseñado la Biblia— yo puedo confiadamente decir: "Oye, oh Jehová... tú eres mi ayudador". Es la Biblia, explicándome quién y cómo es Dios, la que me impulsa a la oración y a confiar en Dios que me escucha.

Recuerdo la fiesta especial que disfruté cuando mi hijo Daniel (el que es pastor) me regaló el libro *La doctrina de Dios*, por el Dr. John M. Frame. Es un libro de unas 800 páginas escritas por un evangélico conservador que ha llegado a conocer a Dios por lo enseñado en la Biblia. ¡Qué gloria sentí al empaparme por varios días totalmente en la lectura de ese libro. Desde entonces me encuentro literalmente orando *"sin cesar"* (1 Tesalonicenses 5:17), celebrando la infinita gloria, majestuosa, e incomparable grandeza de Dios Padre, Dios Hijo, y Dios Espíritu Santo.

No olvidemos, Carlos, que cuando Jesucristo nos enseñó a orar en el Padre Nuestro, lo primero que subrayó es nuestra relación con el Trino Dios —nuestro Padre. Creo que si no aprendemos quién es ese Padre y cómo obra en el cielo y en la tierra, ¿qué sentido van a tener nuestras oraciones?

Nuestras peticiones en lugar de ser Dios-céntricas, se convertirán en yo-céntricas.

Hay mucho más que pudiéramos tratar sobre este tema. Para mí la oración es un hijo hablando con su Padre que mucho ama, compartiendo lo más íntimo de su corazón:

Es una persona sola, en su aposento con la puerta cerrada, hablando con Dios: *"Mas tú, cuando ores, entra en tu aposento, y cerrada la puerta, ora a tu Padre que está en secreto; y tu Padre que ve en lo secreto te recompensará en público"* (Mateo 6:6).

Esa idea de formar una cadena de oración con todo el mundo repitiendo la misma petición para garantizar que Dios escuche no me inspira. Creo que va en contra del espíritu de lo que dijo Cristo: *"No uséis vanas repeticiones, como los gentiles, que piensan que por su palabrería serán oídos"* (Mateo 6:7).

Es reconocer que nuestro Padre sabe de qué cosas tenemos necesidad, antes que nosotros se lo pidamos (Mateo 6:8). Por tanto, no es necesario darle muchos detalles a Dios. Él ya lo sabe todo —nuestras oraciones efectivas pueden ser cortas.

Es un solitario hombre, una pobre mujer, un pequeño niño abriendo su corazón confiadamente a su Padre celestial y sintiendo el abrazo de su amorosa respuesta: *"Si algo pidiereis en mi nombre, yo lo haré"* (Juan 14:14).

Es un encuentro con otros hijos de Dios, todos unidos buscando la bendición de Dios y la respuesta a sus promesas: *"Todos, en un mismo espíritu, se dedicaban a la oración, junto con las mujeres y con los hermanos de Jesús y su madre María"* (Hechos 1:14).

Es el grandioso recurso que tenemos cuando nos encontramos en severos problemas: *"Invoqué en mi angustia a Jehová, y él me oyó; Desde el seno del Seol clamé, Y mi voz oíste"* (Jonás 2:2).

¿Qué más puedo decir, Carlos? Bueno, que cuando oramos ponemos nuestra confianza total en nuestro bondadoso Padre celestial. Porque le conocemos tenemos fe en que nos escucha y nos responde. Pero si no responde, sabemos que es porque lo que le pedimos no nos conviene. Espero que estas ideas te ayuden. Si tienes alguna pregunta, con gusto procuraré contestarte. No demores en escribirme.

Dios te siga bendiciendo ricamente,

Les Thompson

CARTA 20
Necesito la crítica

Estimado Carlos:

CUANDO LEÍ TU CARTA me puse a reír. Veo que te cayó mal la crítica de la anciana que recién se hizo miembro de tu iglesia. Parece que ella cree que eres demasiado alegre —quizás, por lo que te dijo, hasta liviano— y que como pastor debes portarte con más seriedad.

¡A cuántos de nosotros los predicadores nos han caído mal las críticas que miembros de la congregación nos han hecho!

Me encantan las historias de cristianos que vivieron en siglos pasados. Te cuento una que viene al caso. Por allá, cerca de Alejandría, en el año 271 d.C., vivía un joven de veinte años de edad llamado Antonio. Buscaba cómo limpiarse de sus pecados y vivir una vida que agradara a Dios. Es interesante ver que lo que despertó en él estos deseos eran las críticas. En su pueblo era conocido como el vago, el indeciso, el haragán, molestador y faldero... (varias veces, indiscretamente, confesó que la mente se le llenaba de apariciones de bonitas mujeres).

"La única manera en que podrás vencer todos esos problemas", le aconsejó el sacerdote, "es entregándote de lleno a la oración. Solo así podrás vencerlos". Tan ansioso estaba Antonio de vencer sus problemas y taparles la boca a sus críticos que salió del pueblo y se fue a vivir en el desierto y pasar el tiempo orando. Se dijo a sí mismo: "Por acá en el desierto, solo, sin que nadie me vea y me diga cosas, cambiaré".

Buscando dónde podría subsistir, encontró un cementerio. Allí descubrió una tumba vacía. Se metió y cerró la puerta. Si no hubiera sido que llegaron unos amigos y lo rescataron, hoy no estaríamos contando su historia. El caso es que al pasar los años la fama de este hombre austero, que pasó su vida viviendo en cuevas del desierto, orando a Dios, y comiendo quién sabe qué, atrajo a numerosos discípulos, personas que también buscaban cambiar sus vidas. Hoy es conocido como San Antonio y considerado el fundador de la tradición monacal de la Iglesia Católica Romana.

Como te darás cuenta, es increíble lo que puede producir la crítica. Aunque para buscar un remedio para nuestras muchas faltas no recomendamos el medio usado por San Antonio, si celebramos su determinación. Cuando se nos critica tenemos que detenernos para considerar y evaluar si realmente nos toca. El filósofo inglés, William Penn, sabiamente dijo: "Son los que tienen un corazón para ayudar los que tienen el derecho de criticar". Cosa que nos hace reconocer que hay crítica ayudadora, crítica constructiva y crítica destructiva.

En el caso tuyo, Carlos —ya que te conozco—, creo que la anciana que te criticó, antes de venir a tu iglesia, se sentaba los domingos en una iglesia donde el pastor vestía de negro, ostentaba una barba bien salpicada de gris, y que se hacía escuchar con voz grave y religiosa mientras miraba a la congregación con ojos acusatorios, tristes y cansados. Era el tipo de hombre tan consagrado que en sus años de ministerio nunca permitió que una sonrisa revelara las arrugas en su cara. Tu carácter alegre, Carlos, le cambió a esa pobre anciana la imagen que tenía de lo que debe ser un pastor.

Con toda sinceridad te digo que no importa la crítica, ni de dónde viene, puesto que tenemos que aprender que nos conviene. Somos humanos, somos imperfectos, tenemos espacio para crecer y mejorar, por tanto las críticas son un medio de ayuda para mejorar. A la vez, conviene que pidamos a Dios que nos mande críticos amables, flexibles, y con un poquito de humor.

Mis mejores críticos han sido mis hermanos y mi esposa (mamá y papá me querían tanto que casi todo lo que hacía lo veían perfecto). Por cierto, mis dos hermanos fueron duros, pero buscaban ayudarme. Por eso los aprecio. Mi esposa —Dios la bendiga— es la persona que más me ha ayudado. Especializada en gramática llevaba a la iglesia una hojita en su Biblia donde apuntaba mis faltas. Para decirlo de forma complicada —

quería asegurar que mis perífrasis verbales aportaran correctamente a los morfemas gramaticales de personas, números, tiempo y modo. ¿Ya ves cuánto aprendí de ella? Te lo digo así, Carlos, para hacerte reír, pero más. Ella sinceramente buscaba la manera de ayudarme. Me tenía puesto en un pedestal y quería quitarme cualquier imperfección. Reconociendo el amor con que estaban empapadas esas críticas, yo le pedía que me hiciera ese favor, animándola a criticarme y ayudarme. (No siempre le hice caso... pero eso es otra historia.)

En un espíritu parecido al de mi esposa, Dios me mandó un mentor llamado Gerald Nyenhuis. Era en los años en que iniciaba mi trabajo de maestro bíblico, y cuando más lo necesitaba. Gerald es el hombre de más erudición que he conocido: destacado teólogo, filósofo, historiador, bibliófilo, excatedrático de la Facultad de Letras de la Universidad Iberoamericana, y pastor de la Iglesia Berith en la ciudad de México. Imagínate, Carlos, yo dando una clase, e inmediatamente después presentando al Dr. Nyenhuis —debe haberse parecido a una comedia teatral (por lo menos así lo sentía).

Lo lindo de todo fue cómo me trató este extraordinario profesor. Nunca con altivez, nunca como que si yo era un ignorante. Al contrario, venía y me felicitaba por mis charlas. Luego, en el almuerzo, o en un descanso me preguntaba, "¿Has leído lo que dijo Agustín sobre el tema de la gracia?" y de memoria citaba al genio de Hipona. Y continuaba diciendo, "Creo que ese pensamiento te ayudará a aclarar a los pastores el profundo sentido de la gracia según la Biblia". Así, de una forma genial, me iba añadiendo pensamientos excelentes sobre temas que yo estaba dando.

Otras veces cuando estábamos sentados en un almuerzo Nyenhuis iniciaba una discusión sobre algún texto de la Biblia: "A mí me encanta el texto de Juan 14:26. Me intriga por todo lo que implica: *Mas el Consolador, el Espíritu Santo, a quien el Padre enviará en mi nombre, él os enseñará todas las cosas*". Entonces daba una explicación: "Para mí quiere decir que si el Espíritu de Dios no está presente en los corazones de los que escuchan en un seminario como este, lo que decimos no hará impacto ni traerá cambios. Es decir, si en el corazón de los que nos escuchan no está el 'maestro interno' [el Espíritu Santo] enseñándoles, nosotros los maestros externos no ganaremos nada". ¿Me estaba criticando? Sí, en cierto sentido. Pero lo que hacía Nyenhuis —y con mucha delicadeza— era ayudarme a entender que como profesor de Biblia yo no podía depender de mi propia habilidad. Sin la ayuda del Santo Espíritu de Dios trabajando en los corazones de los que me escuchaban, el trabajo que hacía era en vano.

Sabía, Carlos, que nunca podría igualar las habilidades que Dios le había dado a Gerald Nyenhuis. Pero por lo que él me fue enseñando comprendí los valores espirituales que han de estar presentes en un maestro de Biblia —y en los seminarios que auspiciábamos. Te confieso, Carlos, que he querido ser más como Nyenhuis en mis maneras de enseñar. De él aprendí (1) a hacer todo lo posible para que los que me escuchaban comprendieran el sentido profundo de la Palabra de Dios: (2) a comprender la suprema importancia de la obra del Espíritu Santo en lo que hacía; (3) anhelar mejorar mis conocimientos de la Palabra de Dios para enseñar sus verdades con verdadera fidelidad.

De paso, en 1999 Nyenhuis, en una convocatoria especial, fue honrado por la Universidad Iberoamericana, en la que recibió una medalla y un diploma como "Maestro de Maestros". ¡Gracias, Señor, por dejarme aprender de tan gran y fiel maestro!

En una palabra, Carlos, da la bienvenida a las críticas. No te ofendas cuando vengan, pero pídele a Dios que te dé la sabiduría para rechazar las críticas inválidas y abrazar las válidas. Así que, en cuanto a la anciana que llegó a tu iglesia, da gracias a Dios. Lo que ella dijo te ayudará a valorar la manera cristocéntrica en que te conduces en tu iglesia. Piensa bien en lo que dijo Jesucristo: *"Dichosos serán ustedes cuando por mi causa la gente los insulte, los persiga y levante contra ustedes toda clase de calumnias. Alégrense y llénense de júbilo, porque les espera una gran recompensa en el cielo"* (Mateo 5:11-12). Él, que fue tan criticado, tiene que haber sido una persona muy alegre y llena de júbilo.

Ahora me toca pedirte a ti, Carlos, perdón. Cuando me siento a contestar una de tus preguntas me prometo que seré breve. Entonces me sale toda esta verborrea. Seguro que es señal de que en verdad soy un viejo, pero un viejo que te aprecia mucho y quiere ayudarte. Por favor, tus cartas me alegran, y aprecio las buenas preguntas que me haces.

Dios te bendiga, y que este domingo Dios te dé un gran mensaje para tu congregación.

Abrazos,

Les Thompson

CARTA 21
Nuestro todo suficiente Dios

Estimado Carlos:

SÍ, CARLOS, ESTOS SON TIEMPOS DIFÍCILES, tan duros que muchas iglesias están cerrando sus puertas puesto que no tienen suficientes recursos económicos para llevar a cabo sus programas. Me alegra oír que esperas, creyendo que Dios ha llamado a su iglesia a que viva y dependa de Él, para que provea sus necesidades.

Supongo que hay pocos pastores que no han tenido luchas serias con las finanzas, entre los que me incluyo. Permíteme que te cuente una experiencia que Dios usó al principio para enseñarme a confiar en Él, en cuanto a todas mis necesidades.

En 1965 mudamos nuestra oficina de LOGOI de Costa Rica a Miami. El salario misionero que teníamos asignado —el mismo que recibimos en Costa Rica— no cubría todas nuestras necesidades. A mediados de nuestro primer mes en la ciudad nos estábamos quedando sin dinero. Los dos últimos fines de semana lucían sombríos: nada con que comprar alimentos, nada para alimentar a nuestros cuatro niños hambrientos y, lo peor de todo, como cualquier recién llegado, que no tiene dónde buscar ayuda. Les aseguro que mis oraciones no sólo fueron desesperadas, eran frecuentes y fervientes. Por la bondad de Dios, un pastor que conocí poco tiempo antes de eso me llamó y me explicó que tenía que salir de la ciudad debido a una situación de emergencia, por lo que me pidió que predicara en su púlpito. Por supuesto que acepté con gusto.

Al final del servicio, uno de los diáconos se me acercó, me dio las gracias por el sermón que expuse y me entregó un pequeño sobre blanco. No podía creer lo que veía. Baste decir que esos honorarios cubrieron nuestras necesidades hasta el final del mes. Consciente de que al mes siguiente iba a necesitar ayuda de nuevo, me senté y escribí una carta con mis credenciales, y la envié a todos los pastores que conocía en Miami. Me temo que lo que hice, en realidad, fue aplicar la famosa frase de Benjamín Franklin: "Dios ayuda a quien se ayuda", y no la verdadera fe. De todos modos, dio resultados. Los siguientes meses subsistimos por las invitaciones a predicar. Los pequeños sobres blancos que me daban al final del servicio fueron la clave.

Un día recibí una invitación de una gran iglesia presbiteriana en Sebring, Florida. Llevé a mi esposa, a mis hijos y mi mejor sermón. Una vez concluido el sermón, pasamos a la parte trasera del edificio y, mientras estrechaba manos y recibía gratos elogios, intentaba ver a un diácono con un pequeño sobre blanco. Pero, poco a poco todos se fueron y el diácono no apareció por ningún lado.

Así que nos dirigimos a nuestro coche, cuando mi esposa me preguntó:

—¿Nadie nos invitó a comer?

—No —respondí desconcertado.

—¿Recibiste una ofrenda?

—No, sólo un dólar que un señor me puso en la mano cuando lo saludé — dije con aspereza.

—¿Y qué vamos a hacer para almorzar? —dijo mi esposa cuando entramos al auto— los chicos están hambrientos."

Entre las pocas monedas que los cuatro muchachos tenían en sus bolsillos, 75 centavos de dólar que mi esposa halló en su bolso, la tarjeta de crédito de gasolina Shell recién adquirida y el dólar que me habían dado, el capital de nuestra familia era de dos dólares y ochenta y seis centavos ($2,86), una suma que siempre recordaré. Los niños todavía eran pequeños; el mayor, Ken, sólo tenía nueve años, pero todos ellos tenían buen apetito. Vi un restaurant Kentucky Fried Chicken, y me detuve.

"¿Qué estás haciendo?" —me preguntó mi esposa Carolyn.

"Voy a comprar el almuerzo" —le dije, un poco tenso.

"Para nosotros seis... ¿con dos dólares y ochenta y seis centavos? ¿Estás loco?"

Me acerqué a la ventanilla del restaurant. Una jovencita me atendió y tomó mi pedido. Me aclaré la garganta y le pregunté si podía usar mi tarjeta de crédito Shell. Me respondió negativamente con la cabeza. "¿Qué me puede dar por $2.86? —dije— este... créalo o no, esto es todo lo que tenemos. Ah... mire el asiento trasero del auto. Verá cuatro niños hambrientos. Este... ¿podría darnos todo el pollo que pueda y tal vez un par de alitas adicionales?"

Aunque parezca increíble, nos dio pollo suficiente para que cada uno nos comiéramos una pieza. Y la pasamos con agua. Carolyn estaba tan avergonzada que se negó a salir del auto a comer. Cuando ya estábamos de regreso en la carretera, ella se dirigió a los niños y dijo: "Ahora van a dormir. Eso les hará olvidar el hambre".

Carolyn es una de esas personas que se duermen rápidamente con el movimiento del auto en carretera. Así que en poco tiempo, yo era el único despierto. Mientras recorría los doscientos kilómetros de regreso a Miami reflexionaba en mi continua lucha cada mes. Eso no era vida, ni siquiera para un misionero. Y cuanto más pensaba en una iglesia que invitaba a un predicador a tan larga distancia y no le daba sus honorarios, más me enojaba. Imagínate, ni siquiera tuvieron la cortesía de invitar a la familia a almorzar. Pronto le estuve diciendo a Dios lo injusto que era todo aquello. Cuán egoísta era la gente. Qué poco amable. Qué injusto era tener que vivir como los mendigos. Estuve molesto, me imagino, unos veinte minutos. Finalmente, después de haber ventilado todos mis sentimientos, me quedé en silencio.

Fue entonces —me parece— que pensé que oí hablar al Señor. (No, Dios y yo no teníamos una conversación audible, sino que más bien era como un diálogo interno, sentí como que el Espíritu de Dios me convencía.) Parecía que me preguntaba:

—¿Te estás quejando?

—Sí, Señor, pero sabes que tengo razones para mi molestia—, le contesté en voz baja.

—Entonces, ¿me permites hacerte una pregunta?— parecía decirme el Señor, hablando con ternura y amabilidad, —¿Por qué fuiste a Sebring?

—Ya sabes, Señor... necesitaba la ofrenda.

—Ah, ¿de modo que no fue para bendecir a la gente con mi Palabra?

—No, en verdad...— confesé.

—¿Cómo elegiste el sermón que predicaste?

No me gustó el giro que tomó la conversación, por lo que empecé a retorcerme en mi asiento. "Es que recibí una gran cantidad de elogios", le contesté con sinceridad.

—En otras palabras, ¿todo lo de este viaje tuvo que ver contigo y no conmigo?

—Sí, Señor— admití.

—¿Has olvidado la promesa que te hice: *"Mas buscad primeramente el reino de Dios y su justicia y todas estas cosas os serán añadidas usted?"*

Estaba arrepentido de manejar... y de predicar. Ese domingo, en la carretera 27, mientras mi familia dormía, renové el pacto que había hecho con Dios cuando me inicié en el ministerio. Después de confesar mis pecados y de pedirle perdón, le dije: "Señor, a partir de este momento te prometo que cada vez que predique, trataré de hacerlo lo mejor posible para enseñar fielmente tu Palabra y buscar tu bendición. Pero, por favor, Señor, ¡cuida de mi familia! "

Al momento de contar esta historia, han pasado cuarenta y seis años. Hoy puedo gritar desde lo más alto: **"¡Tenemos un amoroso Padre celestial que suple todas nuestras necesidades!"** ¿En qué idioma puedo decirlo? ¿Cuáles son las palabras adecuadas o los adjetivos apropiados para describir la forma en que Dios nos ha manifestado tanto cariño y amor a mí, mi familia y mi ministerio?

¿Qué si hemos tenido problemas? Ah, sí, en muchas ocasiones. Pero en todas las circunstancias Dios ha sido fiel al darnos lo que hemos necesitado. Todos los sermones que he predicado, ¿honran a Dios? Recuerdo algunas veces en las que le fallado miserablemente. Sin embargo, Dios nunca ha refrenado sus bendiciones ni ha apagado su amor. A veces nos asombraba nuestra despensa vacía, porque cuando nos sentábamos a la mesa siempre había suficiente para bendecirla. Él nos ha provisto ropa para vestirnos, nos ha ayudado a educar a nuestros hijos hasta la universidad, a pagar nuestra hipoteca y pagar a los médicos que nos ayudan cuando nos enfermamos.

Más importante aun, Él ha suplido nuestras necesidades espirituales, lo cual se refleja en el amor que todos mis hijos sienten por Dios. Cada uno de ellos ha encontrado el área de trabajo en la que le sirven a tiempo completo. Nuestros catorce nietos confiesan su fe genuina en Jesucristo como su Salvador. Y en cuanto a LOGOI, el ministerio al que Él me llamó, se ha expandido más allá de lo que soñé al bendecir a miles y miles de pastores y ministros en América Latina. A pesar de todo, mi amoroso Padre celestial ha sido ese amigo maravilloso que *"es más fiel que un hermano"* (Proverbios 18:24).

¿Qué más puedo añadir, Carlos? Deseo que esta historia te anime y fortalezca tu fe. Gracias por escribirme —eres un amigo verdadero —, y por comunicarme tus necesidades más profundas. Sé que Dios va a bendecirte ricamente.

Te envío un gran abrazo,

Les

Gregg, Ken, Dan, y Ed Thompson

CARTA 22
La última carta

Estimado Carlos:

Probablemente te hayas preguntado por qué mi padre, Les Thompson, no ha respondido tus cartas más recientes. En nombre mío y de mis hermanos, Ken, Gregg y Ed, me dirijo a ti para informarte que mi padre falleció la semana pasada, después de una larga batalla con varios problemas de salud. Él hablaba de ti a menudo y nos contaba cómo disfrutaba de su correspondencia contigo. Por esa relación especial que sostuviste con él es que decidimos que debíamos enviarte una carta más.

La muerte es aterradora para todos. Cuando alguien que conocemos y amamos muere, de inmediato pensamos en nuestra propia mortalidad. La muerte es el último enemigo que debemos enfrentar, aun cuando por fe nos aferremos a Cristo. Si no fuera por la resurrección de Jesús de entre los muertos y las promesas de Dios de que vamos a participar de su resurrección, ¡morir sería terrible! Tendríamos que lamentar la muerte de nuestros seres queridos como las personas que no tienen esperanza. ¡Pero Jesús ha cambiado la muerte por nosotros!

Hace dos meses recibí la noticia de que mi padre había sido operado urgentemente y se encontraba en la unidad de cuidados intensivos del hospital. Cuando llegué a su alcoba, me encontré con mi papá recuperándose de la cirugía, aunque aturdido por los medicamentos administrados para el dolor. Al día siguiente fue trasladado a una habitación privada y comenzamos a hablar sobre cuándo regresaría a casa. Su estado era complicado, pero parecía que se estaba recuperando bastante.

Dos días más tarde, empezó a perder sangre y nos llamó a su lado para despedirse. Con lágrimas en los ojos, nos dijo que se estaba muriendo. Le habló con ternura a mi madre, afirmó que ella había sido todo lo que él pudo haber pedido de una esposa y madre. Le dijo que se arrepentía de no haber sido un marido mejor. Luego se volvió hacia mí y mis hermanos y nos dijo que lamentaba no haber sido un mejor padre.

Le aseguramos que había sido un padre maravilloso y mi madre le aseveró que había sido un gran esposo. Sin embargo, nuestras palabras no parecían calmarlo. Como humanos podemos ver la apariencia externa de otros seres humanos —lo que han hecho o cómo han tratado a los que le rodean—, pero no podemos ver el corazón de la persona. Mi padre parecía estar enfrentándose a la realidad de su propio corazón pecaminoso y, sabiendo que estaba a punto de morir y comparecer ante un Dios santo, se afligió por su propia maldad. ¿Cómo podría Dios acogerlo en el cielo? ¡Él no se merecía el cielo!

Pudimos haber intentado calmarlo, recordándole cómo entregó su vida a servir al Señor Jesús. Podríamos haberle recordado todos sus logros: cómo crió a cuatro hijos, de los cuales todos caminamos con Cristo; la clase de esposo fiel que fue; los libros y artículos que escribió y que ayudaron a muchos a entender mejor la Palabra de Dios; cuánto había ayudado a animar y a capacitar a miles de pastores, etc. Podríamos haber apelado a los muchos amigos que lo consideraban un maravilloso hombre de Dios. Pero no creo que nada de eso habría consolado o renovado su esperanza en ese momento en que se enfrentaba a la muerte.

Preferí, sin embargo, recordarle el evangelio de la gracia de Dios. El hecho de que Dios lo iba a aceptar no dependía de lo que mi padre había hecho por Dios, sino de lo que Jesús hizo por él. Jesús pagó la deuda de sus pecados cuando murió en la cruz. Así que ahora podía ser aceptado como justo ante el tribunal de Dios. La aceptación de Dios es una cuestión de gracia, no de obras.

Mientras hablamos del evangelio de la gracia en Cristo Jesús, el temor de mi padre fue desapareciendo; entonces comenzó a imaginarse cómo sería ver a Jesús. Nos preguntábamos cómo sería el cielo y recordamos que Dios nos prometió un cielo nuevo y una tierra nueva, y que Él enjugaría toda lágrima de nuestros ojos. El temor, entonces, dio paso a la esperanza y a la confianza en que el amor de Dios aplacaría el aguijón de la muerte. Era asombroso ver que el amor de Dios llenaba su corazón de alegría, aun cuando sentía la tristeza de dejar a sus seres queridos.

Gracias a la bondad de Dios, mi padre no murió esa noche. La hemorragia se detuvo y su cuerpo comenzó a recuperar algo de fuerza. Durante el próximo par de días, sus hijos con sus esposas, sus nietos, sus hermanos y una hermana lo visitaron. Él pudo hablar con todos ellos y animarles con palabras de bendición y amor. Nos reímos juntos y asimismo oramos alrededor de su cama.

Teníamos la esperanza de que recuperara las fuerzas para regresar a casa, pero no fue posible. En las semanas siguientes tuvo unos días buenos y otros malos. Lloré al verlo perder su fuerza y cómo dependía de otros para hacer las cosas más elementales. Lo escuché orar a menudo, preguntando al Señor por qué tenía que sufrir tanto antes de que pudiera abandonar la vida. Pero, a través de todo ese sufrimiento, mostró confianza en el amor de Cristo y estaba listo para entrar en la presencia de Dios.

En la tarde del 30 de agosto de 2011, Dios le concedió su petición. En silencio se deslizó de este mundo a la presencia de Dios. Al fin estuvo cara a cara con el Señor Jesús, a quien amó durante tanto tiempo, toda su existencia. Hemos sentido el dolor de la pérdida como todos los que han perdido a alguien que aman profundamente. Pero así como sentimos dolor, también ¡sentimos alegría! Nos aferramos a las promesas de Dios para aquellos que mueren en el Señor y confían en que *"las aflicciones del tiempo presente no son comparables con la gloria venidera que en nosotros ha de manifestarse"* (Romanos 8:18).

Carlos, comparto contigo estas noticias para darte aliento. Has perdido a un amigo y mentor. Quiero que sepas que mi padre te amó y oró por ti a menudo. Su oración por ti fue que, por el poder de Dios obrando en ti, crecieras *"en la gracia y el conocimiento de nuestro Señor y Salvador Jesucristo"* (2 Pedro 3:18).

Que Dios te bendiga a ti y a tu iglesia, y que sigas ministrando el evangelio a los que Dios te ha confiado. Que tu ministerio se base en el mensaje de la misericordia y la gracia de Dios con los pecadores que tienen fe en Cristo Jesús.

En nombre de mi padre, tu carísimo amigo, me despido,

Dan Thompson

P.D. Aunque Papá ya no está, si lo deseas, puedes continuar escribiéndome. Con gusto te responderé.

Epílogo

Aunque el protagonista de esta obra —Carlos— es un personaje ficticio, el autor de estas cartas es una persona muy real: mi padre, Les Thompson, quien escribió este libro. Este fue su último libro, el cual terminó poco antes de su partida el 30 de agosto de 2011 a la edad de 80 años. Su salud estuvo deteriorándose desde hace algún tiempo con varios problemas, entre ellos: insuficiencia cardiaca congestiva, estenosis espinal y asma. Sus últimos días estuvieron llenos de dolor, circunstancia muy difícil para los miembros de la familia que presenciamos su sufrimiento. Sin embargo, su confianza en la misericordia de Dios y su deseo de estar con el Señor se hizo más fuerte con el pasar de los días. Mi padre estaba verdaderamente preparado para morir y entrar en la presencia de Dios.

La última vez que pudo hablar con claridad fue un par de días antes de partir. Fue el domingo 28 de agosto, día del cumpleaños de su nieto David, que precisamente llegó a visitar a mi padre en el hogar donde convalecía acompañado por varios amigos de su equipo de fútbol americano. El abuelo reunió todas sus fuerzas para poder darle palabras de ánimo a su nieto. Cuando David y sus amigos se fueron, Les quedó agotado y durmió la mayor parte del día siguiente. El martes se veía débil, pero le respondía a mi madre asintiendo débilmente con la cabeza cuando ella le preguntaba si podía oírla.

Esa tarde ella se acercó a él y le invitó a recitar el Salmo 23, que tantas veces les había dado aliento a ambos durante su larga estadía en el hospital. Mi madre recitó los versículos a su lado, mientras mi padre —con los ojos cerrados—, movía la boca en silencio. Cuando terminó el salmo, mi madre dijo las palabras: "Y habitaré en la casa del Señor por siempre". Mi papá respiró y, en voz alta y fuerte, dijo: "¡Por siempre!" Esas fueron sus últimas palabras. Poco después dejó de respirar y entró en la presencia del Señor Jesús. Quedamos su esposa y su familia que tanto lo amamos, junto a innumerables amigos, cuyas vidas mi padre influenció en el nombre de Cristo.

Este libro se completó, literalmente, durante los últimos meses de su vida. Cuando lo visitaba en el hospital y luego en el centro de rehabilitación durante los últimos dos meses, pude verlo leyendo, corrigiendo y sugiriendo cambios a cada uno de los capítulos. La alegría de su vida fue alentar, capacitar y ayudar a los pastores, por lo cual es lógico que su último libro fuese un tesoro de consejos de un "anciano" pastor a un pastor joven.

Cuando tuve la oportunidad de hablar con mi padre acerca de lo que quería que dijéramos en su servicio fúnebre, su único pedido fue que nos enfocáramos en la bondad y la misericordia de Dios. Hubiésemos podido decir mucho sobre los logros de mi padre, por ejemplo, que fue una bendición para miles de personas. Pero al final, él quiso que nos aferráramos al amor de Dios, a la misericordia de Dios y a la gracia de Dios para hallar consuelo por su partida.

Cuando nuestra familia se reunió tras la muerte de mi padre, sugerí que añadiéramos un capítulo final a este libro: una carta a Carlos para contarle acerca de los últimos días de su amigo Les Thompson. La mejor carta que puede escribir un ser humano es la que escribe en la manera en que vive su vida. Las cartas de este libro están llenas de amor y sabios consejos, pero yo quería que "Carlos" supiera que mi padre murió creyendo y confiando en el Dios del que habló en sus misivas.

Rev. Dan Thompson